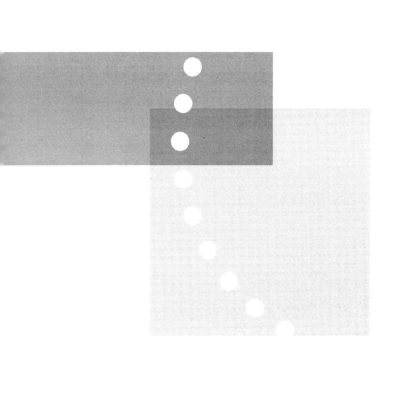

东道国金融发展对中国企业境外投资的影响研究

王忠诚 ◎ 著

中国财经出版传媒集团

经济科学出版社
Economic Science Press

图书在版编目（CIP）数据

东道国金融发展对中国企业境外投资的影响研究/
王忠诚著．—北京：经济科学出版社，2021.5
ISBN 978 - 7 - 5218 - 2530 - 5

Ⅰ．①东…　Ⅱ．①王…　Ⅲ．①企业 - 对外投资 -
研究 - 中国　Ⅳ．①F279.23

中国版本图书馆 CIP 数据核字（2021）第 077330 号

责任编辑：周国强
责任校对：王肖楠
责任印制：王世伟

东道国金融发展对中国企业境外投资的影响研究
王忠诚　著
经济科学出版社出版、发行　新华书店经销
社址：北京市海淀区阜成路甲 28 号　邮编：100142
总编部电话：010 - 88191217　发行部电话：010 - 88191522
网址：www. esp. com. cn
电子邮箱：esp@ esp. com. cn
天猫网店：经济科学出版社旗舰店
网址：http://jjkxcbs. tmall. com
北京季蜂印刷有限公司印装
710×1000　16 开　11.25 印张　200000 字
2021 年 5 月第 1 版　2021 年 5 月第 1 次印刷
ISBN 978 - 7 - 5218 - 2530 - 5　定价：68.00 元
（图书出现印装问题，本社负责调换。电话：010 - 88191510）
（版权所有　侵权必究　打击盗版　举报热线：010 - 88191661
QQ：2242791300　营销中心电话：010 - 88191537
电子邮箱：dbts@ esp. com. cn）

前　言

　　跨国企业不但主导着国际贸易，而且是资本和技术等生产要素跨国流动的重要渠道。为了构建产业分工合作新格局，服务供给侧结构性改革，我国相继制定了"走出去"战略和提出"一带一路"倡议，通过利用"两个市场""两种资源"，优化产业结构，做强"中国制造"。微观企业的对外直接投资活动既是实施国家战略的重要微观基础，也是企业提升和保持竞争力的重要手段。随着经济的发展，中国企业对外直接投资从21世纪初开始快速增长，2008年以来更是连创新高。大量企业加入对外直接投资的行列，期望提高竞争力，获得预期的投资收益。企业一旦走出国门便面临不同于国内的经营环境和投资风险，投资的营利性和安全性都受到东道国金融环境的影响。特别是2008年金融危机给全球经济发展带来了更大的不确定性，金融发展和金融稳定成为重要的议题，同时也导致一些国家开始收紧资本管制。然而，作为制度安排的重要组成部分，东道国的金融体系和融资环境并非跨国企业可以左右。因此，在对外直接投资战略设计之初东道国的金融发展就应作为重要的考量因素。

　　从企业经营活动的现实看，对外直接投资企

业在东道国融资具有客观性和必然性，使得东道国金融发展是对外直接投资过程中不可忽视的影响因素。2008 年全球金融危机之后，中国经济崛起过程中面临的内部资源约束和外部市场约束增强，改变贸易政策取向、促进对外直接投资成为重要的政策内容。对于对外直接投资企业而言，无论是在海外子公司或者分支机构筹建过程中，还是在此后的经营过程中都离不开东道国的金融体系。在子公司的筹建过程中企业需要大量的资金注入，虽然可以从母国金融市场获得融资来支持海外项目的建设，但是使用母国融资会减少母公司的抵押能力，从而减少企业在母国为其他投资机会融资的能力，也会使母公司的流动性受到影响。对外直接投资项目通常建设周期长，资金需求大，企业对融资的需求具有规模大、时间长的特点。一旦项目建成，在此后的经营过程中也需要不断地融资，仅依靠子公司自身的利润和母公司在融资上的支持显然难以为继，也不符合跨国企业的利益。此时，东道国是否具有良好的融资环境至关重要。

本书拓展了金融发展和融资约束与企业国际化的研究，从发展中国家的视角丰富东道国金融发展与企业对外直接投资之间关系的研究。本书使用中国上市企业海外投资数据详细分析了东道国金融发展影响海外投资的方式和渠道；从行业层面和微观企业层面刻画了东道国金融发展对对外直接投资企业生产率分布的影响；将东道国的金融发展水平与经济发展水平相结合，比较了不同国家间金融发展影响的异质性。本书的研究成果从金融角度为中国企业对外直接投资的区位选择和风险规避提供了理论基础和决策依据。

目　　录

第一章

绪　　论

第一节　研究背景与意义

一、研究背景

跨国企业主导着国际贸易，而且是资本和技术等生产要素跨国流动的重要渠道。中国为了构建以我为中心的产业分工合作新格局，服务供给侧结构性改革，相继制定了"走出去"战略和提出"一带一路"倡议，通过利用"两个市场""两种资源"，优化产业结构，做强"中国制造"。微观企业的对外直接投资活动既是实施国家战略的重要微观基础，也是企业提升和保持竞争力的重要手段。随着经济的发展，中国企业对外直接投资从 21 世纪初开始快速增长，2008 年以来更是连创新高①。

---

① 受 2008 年金融危机的影响，2009 年中国对外直接投资流量较上一年增长率几乎为零，2010 年则恢复快速增长的趋势。2008 年中国对外直接投资流量为 559.1 亿美元，2009 年为 565.3 亿美元。资料来源于《2015 年度中国对外直接投资统计公报》。

大量企业加入对外直接投资的行列，期望提高竞争力，获得预期的投资收益。企业一旦走出国门便面临不同于国内的经营环境和投资风险，投资的营利性和安全性都受到东道国金融环境的影响①。特别是 2008 年金融危机给全球经济发展带来了更大的不确定性，金融发展和金融稳定成为重要的议题，同时也导致一些国家开始收紧资本管制。然而，作为制度安排的重要组成部分，东道国的金融体系和融资环境并非跨国企业可以左右②。因此，在对外直接投资战略设计之初，东道国的金融发展就应作为重要的考量因素。为了从金融角度为中国企业对外直接投资的区位选择和风险规避提供决策依据，需要从理论和实践上深入研究东道国金融发展如何影响中国海外投资。因此，本书的研究题目特定为"东道国金融发展对中国企业境外投资的影响研究"。

本书研究的现实必要性表现在以下两个方面。

第一，从企业经营活动的现实看，对外直接投资企业在东道国融资具有客观性和必然性，使得东道国金融发展是对外直接投资过程中不可忽视的影响因素。特别是 2008 年全球金融危机之后，中国经济崛起过程中面临的内部资源约束和外部市场约束增强，改变贸易政策取向、促进对外直接投资成为重要的政策内容（黄汉民、郑先勇，2010；张建清、魏伟，2011）。对于对外直接投资企业而言，无论是在海外子公司或者分支机构筹建过程中，还是在此后的经营过程中都离不开东道国的金融体系。在子公司的筹建过程中企业需要大量的资金注入，虽然企业也可以从母国金融机构获得融资来支持海外项目的建设，但是使用母国融资会减少母公司的抵押能力，从而减少企业在母国为其他投资机会融资的能力，也会使母公司的流动性受到影响。对外直接投资项目通常建设周期长，资金需求大，企业对融资的需求具有规模大、时间长的特点。一旦项目建成，在此后的经营过程中也需要不断地融资，仅依靠子公司自身的利润和母公司在融资上的支持显然难以为继，也不符合跨国企业的利益。因此，对外直接投资企业在东道国融资的客观性和必然性使

---

① 中国对外投资投融资存在"四多四少"的结构性问题，即国内资金多、国际资金少，外币投资多、本币投资少，政府资金多、社会资金少，间接融资多、直接融资少。参见张吉耀、张哲人：《我国对外投资的健康发展》，载《中国金融》2017 年第 21 期。

② 虽然稳定宏观经济是资本管制的重要原因，但是出于保护主义和政治意图对国际资本流动的政治干预也屡见不鲜。最近的一次则是 2018 年 1 月蚂蚁金服收购美国大型汇款公司速汇金（MoneyGram）由于美国政府的阻挠而夭折。

得东道国是否具有良好的融资环境至关重要①。

第二，从企业对外直接投资的动机角度看，东道国金融发展可能影响企业投资目标的达成。虽然在理论分析中企业投资活动的最终动机为利润最大化，但在现实中企业追求的短期和中期目标可以是多样化的。多样化目标的终极目的还是提高企业竞争力，取得最大化的收益。在实现其投资和经营目标的过程中，融资约束、契约的不完全性、交易成本等是世界各国企业普遍面临的问题。已有研究表明金融发展水平较高的国家（地区）的企业更具有竞争优势，更易从事出口或者对外直接投资等国际化活动，这种特征在外部融资依赖度较高的行业中更加明显。向这些竞争力强的国家和地区进行直接投资是对外直接投资企业就近获得技术溢出效应、进行模仿学习，或者直接通过并购方式获取技术优势的重要途径②。东道国的金融发展首先会影响企业对外直接投资的目标。金融发展水平更高的国家更容易培育出具有先进技术和竞争力的企业，为他国企业通过对外直接投资获得这些优势创造前提。即使企业对外直接投资的目标只是获取劳动成本优势或者满足资源需求，东道国当地金融环境改善也有利于对外直接投资企业在当地获得融资，进而促进投资。

在金融发展水平较高的国家不但对外直接投资企业的融资约束会得到缓解，而且发达的金融体系也意味着一国整体的制度质量水平相对较高，金融机构能够更好地发挥资源配置，以及促进企业治理并保护投资人合法权益的功能。在契约密集度高的行业，通常也是技术和无形资产发挥更重要作用的行业，东道国金融发展可以有效地降低交易成本，保护投资人权益。因此，东道国金融制度的安排和相关政策可能扩大或者缩小企业对外直接投资的空间，是对外资金投资中需要关注的重要因素。

---

① 2013 年中国国际贸易促进委员会对中国企业对外直接投资情况及意向的问卷调查显示，22.7% 的非国有企业认为融资困难是其国际化经营的瓶颈，国有企业中这一比例为 14.2% 。

② 认为对外直接投资促进投资母国技术进步的相关研究众多，例如：Wesson（1999），Fosfuri 等（2001），Braconier 等（2001），Potterie 和 Lichtenberg（2001），Branstetter（2006），Pradhan 和 Singh（2009），Harhoff 和 Muller（2014），张宏、王建（2013），毛其淋、许家云（2014），刘斌、王杰、魏倩（2015）；也有研究认为对外直接投资对技术进步的影响可能是负面或者中性的，例如：Gorg 和 Greenaway（2004），Konings（2001），Girma（2002），蒋殿春、张宇（2008）。

二、研究的现实意义

本书的研究成果为企业对外直接投资的区位选择提供了依据，有利于企业扬长避短，充分利用东道国金融发展中对自身有利的因素。具体有三点：第一，分析东道国金融发展对对外直接投资二元边际的影响，有助于企业在不同的决策阶段判断东道国金融发展影响的重要程度，决定该因素在决策中的影响权重，提高决策的合理性和科学性。第二，分析东道国金融发展影响对外直接投资的渠道，有助于企业判断东道国金融发展是否可以带来融资便利，规避母国融资存在的汇率风险，降低融资成本。有利于企业根据母国融资条件和自身竞争力，判断对外直接投资中的海外融资比例，降低对母国融资的过度依赖，规避国内高杠杆带来的风险。第三，分析在不同经济发展水平的东道国金融发展影响的异质性以及生产率分布特征，便于企业从金融角度对比不同区位选择的优势与劣势，提高区位选择决策的可操作性。

本书的研究成果提供了完善对外直接投资政策的微观基础，有助于加快以优化产业分工为目标的对外直接投资步伐，促进中国企业全球竞争力的提升。第一，分析东道国金融发展对对外直接投资二元边际的影响，有助于判断前者对后者的影响是否存在结构性风险，即前者对投资规模的影响大于对投资概率或者次数的影响，投资风险过于集中于部分投资项目，加大投资失败带来的不利影响。第二，分析东道国金融发展影响海外投资的渠道及其在不同国家的异质性，有助于进一步完善促进对外直接投资政策的着力点，针对不同投资目的国、不同投资动机、不同生产率水平的企业实施不同的对外直接投资扶持政策和融资安排。第三，有助于针对不同金融发展水平和经济发展水平的东道国，开展差异化的金融合作，创造有利于中国企业的国际金融合作模式。

三、研究的理论意义

首先，本书将进一步拓展金融发展和融资约束与企业国际化的研究，从发展中国家的视角丰富对东道国金融发展与企业对外直接投资之间关系的认识。本书的研究不是泛泛地分析东道国金融发展对中国企业对外直接投资的整体影响，而是详细分析前者对对外直接投资二元边际的差异性影响，不但考察东道国金融发展影响海外投资的方式，还考察影响的渠道；不但从行业层面进行分析，还从微观企业层面分析东道国金融发展对对外直接投资企业生产率分布的影响，从而比较系统地刻画东道国金融发展对中国企业海外投资的影响。另外，本书将东道国的金融发展水平与经济发展水平相结合，便于比较不同国家间金融发展影响的异质性，为对外直接投资的区位选择奠定理论基础。

与贸易结构相似，对外直接投资的结构变化也会产生不同的福利效应。在中国改革开放的 40 多年里，吸引外资一直是政府、企业、社会和学术界关注的重点，这是由中国社会和经济发展的现实需求决定的。相比之下，对外直接投资得到广泛关注和讨论的时间并不长，虽然已经有了大量文献就影响中国对外直接投资的母国因素、东道国因素和企业因素进行了深入和广泛的研究，但是从东道国金融发展角度进行系统研究的还不多见。已有的关于东道国金融发展对中国企业对外直接投资影响的研究主要回答东道国金融发展对中国对外直接投资整体上是否起到了促进作用。这些研究尚未充分研究东道国金融发展对海外投资二元边际，即投资结果有怎样的影响，以及通过什么渠道产生影响，在不同的国家中这种影响是否存在差异。世界各国金融发展水平千差万别，只有充分回答以上问题才能在决策中准确地评价东道国金融发展的作用，为中国对外直接投资的区位选择问题提供理论支持。

其次，本书研究从东道国金融发展角度对中国企业对外直接投资区位选择中出现的"舍近求远"现象，以及向发达国家投资不断升温的现象提供新的解释。虽然按照经典的引力模型以及大量已有研究提供的证据，地理距离是影响国际贸易和对外直接投资的重要因素，企业在国际化的过程中常常是由近及远选择出口和对外直接投资的东道国，以降低国际化经营的成本和风险。然而中国企业对外直接投资过程中却有舍近求远的现象，这些远的东道国多数为欧美发达多家。巨大的市场潜力固然是吸引中国企业的重要因素，但是这些国家发达的金融体系，以及由金融体系支撑的创新创造能力和先进技术也是其他邻近的发展中国家所不具备的。本书在分析中不只局限于东道国金融发展对中国企业对外直接投资区位选择的整体效应研究，而是进一步研究东道国间金融发展影响的差异性，为对外直接投资区位选择决策提供更具体、更有操作性的建议。

第二节 研究目的、方法与内容

一、研究目的

受金融危机的影响，2009 年中国对外直接投资流量较 2008 年几乎没有增长，之后重新回归高速增长路径。其中，自然有中国政府政策上的支持和推动，也有金融危机提供的机遇。企业的投资活动不只受到企业和母国内部因素，以及世界经济整体环境的影响，东道国的因素也至关重要。融资约束不但是企业在母国要面临的问题，在东道国也同样面临。跨国企业母国公司长期和大量为海外子公司提供融资的情况既不现实也不符合跨国企业的利益诉求，东道国当地的融资环境便显得极其重要，成为跨国企业投资过程中必须考量的因素。基于此，本书要回答几个问题：第一，东道国金融发展如何影响中国企业对外直接投资，是促进还是抑制，表现在哪些方面，哪些企业在东道国金融发展水平较高的条件下更可能对外直接投资。第二，东道国金融发展通过什么渠道影响中国企业对外直接投资，在不同的东道国中影响渠道是否存在差异。第三，作为金融发展的重要方面，东道国资本管制对中国企业对外直接投资会产生怎样的影响，哪些因素可能影响资本管制作用的发挥。第四，以上三个问题的研究结果对中国企业对外直接投资区位选择决策具有怎样的意义。在回答以上问题的基础上提出对策建议，为理论界、政府和企业在对外直接投资政策上提供理论和经验依据。

二、研究方法

本书主要采用理论分析和实证分析相结合的研究方法。理论分析的目标在于刻画对东道国金融发展影响中国企业海外投资的微观机理，主要从金融发展水平差异和资本管制程度两个角度展开。分析金融发展水平差异影响的理论模型主要借鉴赫尔普曼等（Helpman et al. , 2004）、陈和摩尔（Chen & Moore, 2010）、比尔等（Bilir et al. , 2017），将异质性企业、对外直接投资、企业融资约束及东道国金融发展融合在一起。以企业融资约束和跨国企业在东道国进行外部融资的需求为基本假设，描述企业进入东道国市场时进入壁垒随东道国金融发展水平的变化。分析东道国资本管制影响的模型主要建立在德赛等（Desai et al.，2006）理论分析的基础上，将资本管制、跨国企业现金流配置和投资决策相结合，描述跨国企业通过缩减海外投资，应对资本管制，以实现收益最大化的现象。实证分析的目的则在于验证理论分析的假设，发现东道国金融发展对中国海外投资的影响方式、影响程度、影响途径，从金融角度解释中国企业对外直接投资中的生产率分布特征和区位选择问题，进而从微观角度为中国海外投资的区位选择提供经验依据，宏观上从金融角度提供对外直接投资的对策建议。

配合以上主要研究方法，不同的研究环节还将涉及以下研究方法：

（1）现状研究。包括对外直接投资的中国企业的特征和对外直接投资东道国分布，从而提出需要进一步解决的实际问题。

（2）文献研究。在现状研究的基础上，梳理国内外在对外直接投资、金融发展、资本管制等相关领域已有的研究，归纳总结已有研究成果的同时，发现进一步研究的空间，提出本书的研究问题。

（3）系统观测和收集数据。根据研究问题所需数据的主要来源有ThomsonOne、商务部境外投资企业（机构）名录、Zyphyr数据库、EMIS数据库、国泰安（CSMAR）数据库、Wind数据库等。不同的数据库提供了差异性的数据资源，便于根据研究需求进行选择。就本书而言，ThomsonOne、CSMAR等数据库提供的上市企业及其跨境并购交易为主要的数据资源。

（4）数据分析。首先，根据实证分析模型需要，明确变量选取及构建方式，对跨境并购交易和企业数据进行匹配，并生成相应的行业层面数据；其次，进行模型识别和模型估计，对模型中的各个参数运用Stata计量软件，进行描述性统计分析和研究假设检验；最后，对模型的稳健性进行检验和评估。

（5）结果分析。对上述实证检验的结果进行讨论和分析，给出合理科学的解释。

（6）结论与建议。根据分析结论，就信贷约束对对外直接投资价值链升级效应的影响，提出有针对性和适用性的对策建议。

三、研究内容

本书在中国对外直接投资快速增长的背景下主要研究了以下问题。第一，在中国企业对外直接投资中东道国金融发展是否对投资的二元边际具有显著的影响，这些影响的方向和程度如何。第二，东道国金融发展是否可以降低中国企业对外直接投资所需的生产率门槛，在不同东道国间金融发展对生产率门槛的影响是否存在显著差异。第三，东道国金融发展影响中国企业对外直接投资的渠道是什么，融资效应是否显著，在不同东道国间融资效应是否有显著差异，这对中国企业对外直接投资中的区位选择有何启示。第四，作为金融发展的重要方面，东道国资本管制对中国企业对外直接投资有何影响，影响渠道是什么。

针对这些问题，本书进行了系统的分析和研究，具体内容设计如下：

第一章为绪论，主要阐述本书的选题背景与意义，研究内容与方法，研究的创新之处与难点等。

第二章为文献综述。首先，从融资约束、资本市场不完善和不完全契约角度归纳融资条件影响对外直接投资的相制研究；其次，对东道国金融发展影响跨国企业行为的理论分析、实证分析等研究文献进行综述；再其次，则主要从金融发展的另一面，即资本管制和银行管制角度综述东道国金融发展影响对外直接投资的已有研究；最后，对已有研究进行评述，并发现本书的研究空间。

第三章为在东道国金融发展影响对外直接投资的机制分析。首先，论证了东道国金融如何影响企业对外直接投资中的进入东道国市场的生产率门槛；其次，分析东道国金融发展的影响渠道，即对融资效应和竞争效应展开讨论；再其次，分析不同东道国间金融发展影响的差异性，及其对区位选择的意义；最后，分析资本管制的影响方式和渠道。

第四章为中国对外直接投资与东道国金融发展的特征事实分析。首先，介绍了本书研究所使用数据和样本；其次，说明金融发展指标和对外直接投资指标的构建；最后，通过本书所有数据分析中国企业对外投资中所涉及东道国的金融发展状况、中国企业对外直接投资状况，以及二者之间的关联性，作为后续实证分析的初步数据分析。

第五章为实证分析，从对外直接投资二元边际和生产率门槛角度研究东道国金融发展的影响。本章主要回答东道国金融发展对中国企业对外直接投资的影响主要体现在哪些方面，影响方式是怎样的，以及东道国金融发展如何影响对外直接投资企业的生产率分布，从而回答在考虑东道国金融发展条件下什么样的企业进行对外直接投资。

　　第六章为实证分析。从东道国经济发展水平差异角度考察东道国金融发展对中国企业对外直接投资区位选择的影响。本章主要研究在经济发展水平不同的东道国金融发展对对外直接投资二元边际的影响是否存在差异性，融资效应是否不受经济发展水平的影响而发挥作用，从而为从金融发展角度进行对外直接投资区位选择决策时提供更细致的经验事实和理论支持。

　　第七章为实证分析，从东道国资本管制角度考察金融发展对中国企业对外直接投资的影响。本章主要回答东道国资本管制放松是否有利于在二元边际上促进对外直接投资，宽松的资本管制是否通过缓解融资约束的渠道促进对外直接投资，以及资本管制对对外直接投资区位选择决策的影响。

　　第八章为结论和对策建议。本章总结全书的研究内容和主要结论，并从东道国金融发展角度对中国企业的对外直接投资和国家对外直接投资政策提出对策建议，最后总结本书研究的不足之处以及未来研究展望。

　　图 1 - 1 列示了本书各章之间的逻辑结构。

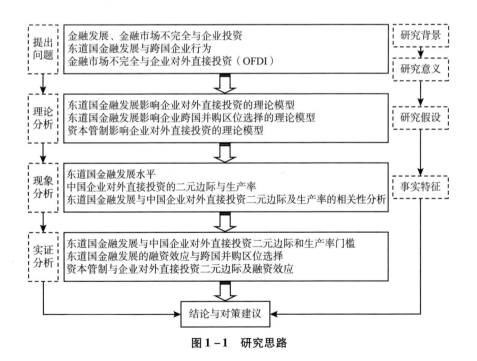

图 1 - 1　研究思路

第三节　创新与不足之处

一、创新之处

第一，研究视角和研究范畴。对于跨国企业而言，包括金融发展在内的东道国的制度环境是给定的，企业自身难以使之改变，因此，就企业跨国投资中的融资约束问题进行的研究多数都从企业自身和母国方面展开，从东道国角度进行的研究较少。为数不多的从东道国金融发展角度进行的研究主要以个别发达国家企业或者全球的跨国企业集合为研究对象，前者难以反映发展中国家的对外直接投资现象，后者则会掩盖对外直接投资的国别差异。对于中国这样的发展中大国，特殊的国情和经济发展阶段使得其对外直接投资活动有别于发达国家和其他发展中国家。因此，本书的研究视角融合了对外直接投资母国和东道国的双重特殊性。以中国对外直接投资企业为研究对象可以突出东道国的金融发展水平多样性和差异性，发现东道国金融发展对对外直接投资活动影响的异质性。另外，资本管制是一国金融制度安排的重要内容，在中国企业对外直接投资的影响因素研究中却少有涉及。本书将资本管制作为东道国金融发展的一个方面进行了分析。

第二，理论价值。少数从东道国金融发展角度进行的研究主要侧重于回答东道国金融发展对中国对外直接投资的整体影响是促进还是阻碍，但是未回答这些影响在投资结构上的差异，也未回答这些影响是通过何种渠道发挥作用。本书首先将对外直接结构分解为扩展边际和集约边际，分别详细考察东道国金融发展的影响方式和程度，及其对对外直接投资企业生产率分布的影响。本书进一步就东道国金融发展影响中国企业对外直接投资的渠道进行研究，检验金融发展可能产生的融资效应和竞争效应是否存在，以及在不同东道国间这两个重要的影响渠道是否同等地发挥作用。对不同东道国间融资效应和竞争效应的识别对于中国企业对外直接投资决策中的区位选择具有重要的理论意义和实践意义。

第三，研究数据。本书首次匹配了 2008～2015 年清科数据库与 CSMAR

数据库的中国上市企业对外直接投资数据，区别于以往使用 2001～2006 年《中国工业企业数据库》和商务部境外投资企业（机构）名录，本书数据相对更新，更能体现金融危机之后中国对外直接投资的新趋势。

二、不足之处

本书研究存在的主要不足之处有以下几个方面。

第一，就理论分析而言，本书在理论分析中主要参考比尔等（Bilir et al.，2017）、德赛等（Desai et al.，2006）和布赫等（Buch et al.，2010）的研究。在这些已有理论研究的基础上本书放宽了关于跨国企业来自发达国家、东道国为发展中国家的假设，但是理论分析中未能将企业对外直接投资的动机、母国政策因素等考虑进去，而这些正是影响发展中国家企业对外直接投资的重要方面。

第二，就研究所使用数据而言，本书使用的对外直接投资数据是清科数据库提供的中国企业并购交易数据和 CSMAR 数据库提供的上市企业层面数据。数据的选择主要考虑并购交易对东道国金融发展的反应可能会更加敏感，因为并购方可能依靠被并购方已有的融资渠道为并购交易融资，而且能够更大限度地减少对外直接投资企业间存在的母国融资差异。但是该数据的不足之处在于，一是对外直接投资样本量少，二是缺乏细致的对外直接投资企业海外子公司的财务数据，从而无法对集约边际进行更深入细致的分析。

第三，就研究内容而言，本书的研究只涉及东道国金融发展对中国企业对外直接投资结构的影响、对东道国市场进入的生产率门槛的影响、资本管制的影响以及影响渠道的识别。金融发展是一个内涵丰富的概念，金融规模、金融结构、金融稳定以及金融开放度等都对会对国际资本流动产生影响。另外，企业对外直接投资不但涉及东道国市场进入，还涉及进入模式、进入规模以及再投资和扩大生产规模等问题。此外，东道国金融发展对跨国企业子公司的影响如何传导至跨国企业母公司也是值得进一步研究的问题。

第二章

文献综述

第一节 金融发展与企业投资研究

一、金融发展与企业投资研究

金融发展即金融体系的发展，包括金融机构、金融工具和金融市场制度的发展。最早提出金融发展定义的是戈德史密斯（Goldsmith，1969）。戈德史密斯提出的金融发展是指金融机构的扩张和金融工具的创新，他同时给出了衡量金融发展的数量指标——金融相关率（FIR）。戈德史密斯提出的金融发展概念强调的是金融结构的变化。金融结构包含两方面的含义：金融资源规模和金融资源配置方式。金融资源规模即资本市场可以为企业提供的金融资源总量，表现为金融资源"量"的方面；金融资源配置方式即资本市场配置金融资源的方式或模式，体现的是金融资源配置效率的高低。

学术界在戈德史密斯（Goldsmith，1969）之后对金融结构论进行了深入的研究①。其中，银行主导论认为，银行主导型的金融体系在动员储蓄、选择项目、监督企业等方面具有积极作用（Boyd & Prescott，1986）。银行能够发挥其甄别企业家和项目的作用，通过提供资金给具有创新性和盈利前景良好的项目，促进经济的发展。市场主导论认为，金融市场能够通过竞争来促进金融资产的发展（Allen & Gale，2001；Stulz，2001）。在有效市场假设下，市场竞争能够促进价格机制的形成，完善的价格机制有利于资源的有效配置，从而促进经济发展。市场主导论认为银行主导论存着某些方面的不足。尽管银行能够帮助投资者有效的选择投资项目，但是银行比企业具有更强的议价能力，从而通过收取信息租金而削弱企业的盈利能力。银行通常偏好低风险的投资项目，倾向于把资金贷给实力较强的大公司，中小企业难以获得足够的资金发展，从而面临更多的融资约束。

一个企业的融资约束会限制企业的投资行为，压制企业的投资机会，导致企业的投资不足。法拉奇等（Fazzari et al.，1988）的研究表明，企业的内部现金流敏感性反映了企业投资对内部现金流的依赖程度，也反映了企业所面临的融资约束程度。该研究采用股利支付率作为判别融资约束的先验标准，基于1970～1984年422家美国制造业的实证结果表明，企业资本投资与现金流的回归系数为正值，而且这一系数随着融资约束程度的增加而增加。拉詹和津加莱斯（Rajan & Zingales，1998）采用跨国数据进行实证分析，发现金融发展通过促进依赖外源融资企业的发展带来了经济的增长。该研究指出在金融市场发达的国家，企业能够享受到融资便利、把握投资机会，实现企业的成长；而在金融欠发达国家，企业发展受到融资约束的限制较为严重。企业面对的融资约束环境决定了融资模式及其发展路径；融资约束宽松的金融生态环境有助于促使外部融资依赖型产业的增长。谢军和黄志忠（2014）的研究发现，金融市场的发展营造了良好的金融生态环境，从而有效缓解了企业的融资压力。然而，克利里等（Cleary et al.，2007）分别从理论和实证上指出投资支出和现金流之间并不总是呈正的单调关系。在保留现金流为负的

---

① 在金融结构对经济增长的影响方面主要形成了四种观点：银行主导论、市场主导论、最优金融结构论和金融结构无关论。参见彭俞超：《金融功能观视角下的金融结构与经济增长——来自1989～2011年的国际经验》，载《金融研究》2015年第1期，第32～49页。

非平衡样本中，企业投资和内部现金流之间呈 U 型关系，并且内部现金流在零点左右达到拐点。这意味着当现金流为负时，投资和现金流之间呈负相关关系。

　　金融发展对企业融资约束的缓解主要表现在规模和效率两方面。金融发展一方面可以扩大企业的融资渠道，为企业提供更多的信贷资金并减少交易成本，提高储蓄 – 投资的转化效率。另一方面金融发展有助于降低信息不对称性，提高资金的分配效率。正如洛夫（Love，2003）指出的，金融发展有助于减少信息不对称，帮助企业克服"道德风险"和"逆向选择"问题，并从实证上指出可以用投资 – 现金流敏感性度量融资约束，金融发展有助于缓解企业的融资约束，而融资约束往往会扭曲企业的投资效率。洛夫和蔡其诺（Love & Zicchino，2007）基于 36 个国家公司层面的面板数据，采用 VAR 模型研究发现金融发展程度较低的国家，其资本投资对内部现金流得依赖更强，即投资 – 现金流敏感性更高。该研究指出由于金融发展有利于资金流向更有效率的投资项目，故最终促进了经济的增长。沈红波等（2010，2011）基于中国上市公司的研究也支持上述结论，发现金融发展程度较高地区的投资 – 现金流敏感性显著低于金融发展较弱的地区，可以降低企业的担保贷款比例。魏志华等（2014）的研究同样表明金融生态的改善可以提高企业获得商业信用和银行贷款的能力，缓解融资约束，提高金融资源的配置效率。

　　现实世界中的企业总会面临融资约束问题。融资约束一方面源于企业自身的经营管理能力和盈利能力（Campa & Shaver，2002）；另一方面则源于其所处的外部环境，其中最重要的环境之一便是企业所在地区或者国家的金融发展水平（Matsuyama，2012；Ahn et al.，2011）。企业自身的因素加上金融市场因素使得在不同国家的企业面临不同的融资约束，同一国家内的不同企业也会面临不同程度的融资约束，这种在融资上的差异会反作用于企业的投资和经营活动，改变不同企业之间的相对竞争力（Clementi & Hopenhayn，2006；Chaney，2008；Midrigan & Xu，2014；于洪霞等，2011；包群、阳佳余，2008；阳佳余，2012；Manova，2013；薛新红等，2017；张华容、薛新红，2017），影响经济增长和波动（赵振全、薛丰慧，2004；Verani et al.，2009；王文甫等，2016；李科、徐龙炳，2011）。

　　融资约束对企业行为影响的广泛而深刻。企业的国际化行为对金融市场的依赖度既表现在对母国金融发展的依赖上，也反映在东道国金融发展的依赖上。关于国际贸易与对外直接投资对母国金融发展的依赖已有大量研究成果（Greenaway et al.，2007；Chaney，2008；Muûls，2008；韩剑、王静，2012；Manova，2013；Manova et al.，2014；Chan & Manova，2015）。与国际贸易不同，对外直接投资涉及在海外的初始投资和持续经营，对融资的需求不但规模大、时间长，而且会同时涉及母国金融市场和东道国金融市场。因此，对外直接投资的跨国企业还面临着来自东道国金融市场不完善带来的融资约束问题。与此相关的问题则是跨国企业的资本结构。

二、金融市场不完全与企业投资研究

金融市场不完全是企业面临外部融资约束的一个重要原因。由于道德风险、代理问题与信息不对称等金融摩擦因素，资本市场中会出现可得性资金的短缺，信贷部门能够融入的资金额度很难满足企业经营和投资需要，寻求次优融资渠道会推高相应的融资成本。在不同的国家间金融市场的发展程度存在差异，导致在其他条件一定的情况下，使得部分国家成为企业对外直接投资更为理想的目的地。对于中国企业而言，金融市场的不完全导致的融资歧视、信贷失衡和金融市场分割对企业的经营活动和对外直接投资都具有显著的影响（刘莉亚等，2015；李磊、包群，2015；罗伟、吕越，2015；薛新红等，2017；刘晴等，2017；王亚星、李敏瑞，2017）。在此背景下，东道国金融发展以及融资环境对企业的投资活动的意义和重要性会更显突出。

从本质上讲，企业的外部融资即是一种契约，与一国的金融发展水平有密切的关系。契约的执行程度也常被用来衡量一国的金融发展水平。一方面，契约的不完全性会引发交易成本，从而改变企业对其边界的选择（刘文革等，2016）；另一方面，契约的不完全性使得资金的供给方，即投资人可能面临违约带来的风险和损失，作为对风险的补偿，企业对其融入的资金支付一定利息，构成企业的融资成本，契约环境的改善则可以缓解企业的债务融资约束（杨畅、庞瑞芝，2017）。在契约执行度较差的国家违约的风险上升，企业外部融资的成本便高于契约执行度高的国家（Manova，2013；Bilir et al.，2017；Buch et al.，2014）。因此，契约执行度高的国家和地区更易吸引对外直接投资（盛丹、王永进，2010），并出口契约密集度高的产品（李坤望、王永进，2010）。

对于对外直接投资而言，跨国企业在东道国融资时必然受到当地契约环境的影响。从东道国金融发展角度研究企业国际化行为始于对企业出口的研究（Berman & Héricourt，2010；Bellone et al.，2008）。金融机构不但具有提供融资、配置资金的作用，同时肩负着甄别和分散投资风险、监督企业资金运用的重要功能。在金融体系和金融机构发达有效的国家投资人的利益受到有效保护，企业为违约行为付出高昂代价。伴随投资风险下降、投资人利益保障程度上升，企业在资本市场上的融资难度下降，融资成本降低。对于对外部融资依赖度较大的对外直接投资活动而言，东道国投资人保护力度和契约执行水平的高低直接关系到企业在东道国获得融资的难易程度，进而影响企业的预期收益和投资决策。在契约执行水平高的东道国对外直接投资企业面临的来自东道国的融资约束会放松，对外直接投资更易展开；反之，在契约执行水平低的东道国，融资约束会收紧，对外直接投资活动会受阻。

第二节　东道国金融发展对跨国公司行为的影响研究

跨国企业进行对外直接投资时一方面需要考虑启动投资所需的资金需求，另一方面还需考虑企业建成后在东道国的经营活动的融资需求。东道国的金融发展便成为企业必须考虑的重要因素。美国是世界上最发达、跨国企业最多的国家之一，在美国的跨国企业子公司中2/3的债务融资来源于企业所在东道国，跨国企业为其子公司提供的融资仅占1/6（Bilir et al.，2017）。对东道国融资的高依赖度使得跨国企业子公司对东道国金融市场的发展变化反应敏感，东道国的金融改革也很可能改变跨国企业在该国的投资决策和经营活动。对于东道国金融发展如何影响跨国企业的对外直接投资活动已有不少研究，本部分将这些研究归纳为三个部分，即影响机制研究、实证分析结论和区位选择研究分别进行综述。

一、东道国金融发展影响跨国公司行为的机制研究

比尔等（Bilir et al.，2017）在赫尔普曼等（Helpman et al.，2004）和

格罗斯曼等（Grossman et al.，2006）的基础上建立了一个集国际贸易和对外直接投资为一体的三国模型，分析东道国金融发展对美国跨国企业行为的影响。该模型分析来自以美国为代表的发达国家的跨国企业在欠发达的发展中国家投资和经营的决策。首先，跨国企业需要决定是否在发展中国家进行投资；其次，决策在三个市场的销售规模，即在东道国市场销售、返销母国的规模和出口到同样为发达国家的第三方市场的规模。

对于拥有不同生产率的异质性企业而言，东道国金融发展可以通过两个渠道对跨国企业因为产生影响：一是竞争效应，二是融资效应。竞争效应是指由于信贷市场上存在摩擦，东道国金融发展水平的提高和外部融资条件的改善会使当地企业进入市场的能力增强，从而加剧了市场竞争，提高跨国企业进入当地市场和扩大经营活动的难度。融资效应则是指东道国金融发展水平的提高和外部融资环境改善，资金的可获得性增强，使跨国企业以及当地企业的融资约束得到缓解，从而吸引跨国企业进行投资并扩大销售规模（Bilir et al.，2017）。融资效应和竞争效应及其力量对比共同决定了东道国金融发展对跨国企业行为的影响。

跨国企业具有在东道国融资的强烈动机。跨国企业为其海外投资在母国融资时不但会面临汇率风险，而且如果跨国企业通过内部资本市场为子公司融资时对内部资金的占用可能会使母公司的流动性受到制约，如果从母国银行融资则需要提供抵押，无论是哪种情形都会使企业进行其他投资活动的能力受到限制。因此，当东道国金融发展水平较高、融资条件较好时，在东道国融资可以极大地减少子公司对母公司的依赖，不但有利于子公司的发展，也有利于母公司。如果从东道国获得融资难度较大、成本很高，部分处于对外直接投资生产率准入门槛边缘的企业将无法进行投资。跨国企业通常实力雄厚，当不同国家由于金融发展水平差异使得融资成本存在差异时，跨国企业可以调节内部和外部两个资本市场的资金配置来最小化投资成本，所以他们会对东道国的金融发展水平和资本成本变化做出积极地反应。据芬伯格和菲利普斯（Feinberg & Philips，2004）统计，1983~1996年间美国跨国企业子公司的债务中接近2/3源于东道国融资，来自母公司的融资占大约16%。比尔等（Bilir et al.，2017）计算后认为美国子公司的这种债务融资比重较为稳定，在2004年占到66%。在金融发展水平较低的东道国，首先存在资金供给不足的问题；其次资金的配置效率较低。企业（包括跨国企业）从当地融资的难度增加，成本上升。融资成本的上升既可能源于资本稀缺，也可能源于脆弱的投资人保护或者契约执行水平低，资金供给者要求较高的风险溢价。在金融发展水平低的国家美国子公司更多地依赖母公司的资金支持，较少在当地进行外部融资，母公司则占有子公司较大份额的资产和较高的股份（Desai et al.，2004；Antràs et al.，2009）。东道国的金融发展水平较低导致的资金紧缺还会制约海外子公司的规模扩展，即使子公司可以从母公司获得融资也很难完全弥补东道国融资渠道不畅带来的发展障碍。根据德赛等（Desai et al.，2004）估计美国跨国企业子公司从母公司获得的资金只能弥补这些企业在金融市场欠发达东道国外部融资缺口的3/4。因此，在资本市场发展落后以及对对外直接投资限制较多的国家，跨国企业难以在不同的子公司之间进行资源配置，以应对不同东道国间的经济冲击（Feinberg & Philips，2004）。

对债务违约行为的惩罚力度反映了一国金融发展水平的高低，在对债务违约行为惩罚力度高的国家，信贷部门拥有强有力的能力促使企业履行贷款合同，企业为违约行为支付昂贵的代价，投资人的利益会受到较好的保护。在金融发展水平较低的国家，贷款企业违约风险上升，投资人出于安全考虑会提高贷款门槛。在理论模型的分析中，较低的金融发展水平和较高的违约风险意味着获得融资的企业必须拥有更高的生产率，部分企业由于生产率低于临界值而无法获得融资进入市场。对于对外直接投资而言，东道国金融发展促发的融资效应便是跨国企业更容易获得当地融资，更多的跨国企业子公司进入当地市场，在理论分析中则表现在对外直接投资的生产率门槛下降。

金融发展带来的融资效应并非仅有跨国企业子公司受益，东道国当地企业也同样受益。对债务违约行为加大惩罚力度会缓解信贷市场上的道德风险，更多的当地企业可以获得融资，表现在市场进入的生产率门槛下降。来自当地企业的竞争加剧不但可能减少跨国企业的进入概率，还会摊薄企业的市场空间，表现在对外直接投资的生产率门槛上升。

德博尔德和魏（Desbordes & Wei，2017）进一步拓展了金融发展对企业对外直接投资的影响机制，将之分为两大类，即直接效应和间接效应。其中，直接效应又包含正向的融资效应和负向的去一体化效应，间接效应则包含正向的集聚效应和负向的竞争效应。正向的融资效应和负向的竞争效应与比尔等（Bilir et al.，2017）所阐述的融资效应和竞争效应对应。负向的去一体化效应则是由于在金融发展的过程中金融机构可以更好地发挥对企业的监督职能，提高企业的治理水平，从而保证企业经理人的行为符合股东利益最大化的原则。因此，在金融发展水平高的国家投资人会降低跨国企业的参股要求，从而降低跨国企业通过对外直接投资对海外生产经营活动的控制动机。正向的集聚效应则是源于外部规模经济。金融发展使得行业内市场竞争加剧的同时会促使企业集聚，产业集聚产生的各种正向溢出效应不但会成为吸引跨国企业进行投资的重要因素，而且有助于缓解企业的融资约束。

二、东道国金融发展对跨国企业影响的实证研究

在对东道国金融发展影响跨国企业行为的机理进行分析的同时，比尔等（Bilir et al.，2017）、德博尔德和魏（Desbordes & Wei，2017）和布赫等（Buch et al.，2014）也对理论分析所得结论进行了经验检验。本部分主要对他们的实证研究结果进行综述，同时对其他实证研究的结果进行简要的综述。

1. 东道国金融发展对跨国企业行为影响的实证研究

比尔等（Bilir et al.，2017）的实证分析中所用数据为美国经济分析局（BEA）统计的 1989~2009 年期间美国跨国企业的详细数据。该数据的重要特征在于统计了美国跨国企业子公司的销售额，除每个子公司的总销售额外，还统计了子公司在东道国当地的销售额、返销美国的销售额以及出口到其他市场的销售额。如此详尽的子公司经营数据使得实证研究可以与理论分析良好的匹配，对东道国金融发展对对外直接投资扩展边际的影响进行非常细致的研究。此外，该数据还统计了子公司的行业信息，便于从东道国与行业层面加总子公司的投资和经营活动，并基于行业外部融资依赖度对东道国金融发展可能产生的融资效应进行更为精确的检验。

在识别东道国金融发展影响美国跨国企业行为渠道时，比尔等（Bilir et al.，2017）采取了分两步走的方式。首先，检验东道国金融发展产生的总体效应，作为基准检验，根据金融发展的估计系数的符号是否为正以及显著性水平初步判断融资效应是否存在。其次，在基准检验的基础上借助行业外部融资依赖度来进一步检验融资效应是否存在，以及大小。分两步走的检验结果互为补充，对总体效应的检验反映了东道国金融发展对不同行业的平均影响，基于行业外部融资依赖度的检验结果则反映了东道国金融发展在行业之间的影响差异。前者反映了东道国金融发展带来的整体福利效应，但是可能受到

遗漏变量以及逆向因果关系的影响产生估计偏误，后者则可以较好地避免估计偏误，反映了金融资源在不同行业间的配置效率，更准确地识别融资效应。

比尔等（Bilir et al.，2017）在实证中检验了东道国金融发展对美国跨国企业行为三个大方面的影响，即对投资概率的影响、对子公司销售规模的影响以及对子公司销售结构的影响。检验结果显示，东道国金融发展显著促进了美国跨国企业对外直接投资的扩展边际，即提高了建立子公司的概率和子公司的数量，在外部融资依赖性较高的行业中促进效应更加显著，从而表明东道国金融发展产生的融资效应超出了竞争效应。对子公司销售规模的影响则进一步分为行业内加总的销售规模和单个子公司层面的销售规模。对行业内加总的销售规模的检验结果显示，无论是总销售规模，还是细分销售市场的销售规模，东道国金融发展的估计结果均为正向，表明融资效应的存在。在单个公司层面，竞争效应使得单个子公司在东道国当地的销售额下降，对总体销售额的影响则不显著。就行业加总的子公司销售结构而言，无论跨国企业是否依赖东道国信贷市场的融资，东道国金融发展主要通过竞争效应降低当地销售占总销售额的比重，在外部融资依赖度高的行业中竞争效应更强。返销美国以及出口其他市场的销售份额则会由于东道国金融发展水平提高而上升。

综合实证研究结果可以看到，对美国跨国企业子公司而言东道国金融发展所带来的融资效应是超出竞争效应的。美国子公司在当地销售份额和单个子公司销售规模的下降反映了竞争效应的存在，但是竞争效应既可能来自东道国当地企业，也可能是由于其他国家跨国企业进入当地市场引发的竞争。但是返销美国和向其他市场的出口可以从东道国金融发展中受益，即使是进一步控制了可能影响出口和市场进入的因素后，东道国金融发展整体上对跨国企业的投资活动也具有积极的影响。较早期，乔等（Chor et al.，2013）从企业对外直接投资的动机差异方面，考察了东道国融资约束对垂直型、水平型和出口平台型对外直接投资的影响，发现在金融发展水平较高的东道国，跨国企业在当地的销售减少，但是出口增加，同样也证明了东道国金融发展存在竞争效应。

比尔等（Bilir et al.，2017）的研究对象为美国跨国企业，研究结论具有很强的针对性。德博尔德和魏（Desbordes & Wei，2017）的研究对象扩展到全球范围，通过对跨境绿地投资在线数据库（fDi Markets）和全球并购交易分析库（Zephyr）两个数据库中跨国投资数据的处理，进一步将跨国企业行为划分为绿地投资、扩展投资和跨国并购三类。样本规模大，涵盖了2003～2006年全球许多国家的跨国投资活动，使得研究可以同时从东道国和母国角度考察金融发展对投资活动的影响。但是不同于比尔等（Bilir et al.，2017）研究中具有详细的子公司经营数据，德博尔德和魏（Desbordes & Wei，2017）的研究受到子公司经营数据的制约，对扩展边际和集约边际的定义不同于比尔等（Bilir et al.，2017）。其中，扩展边际为行业层面双边对外直接投资的项目数量，或者为双边对外直接投资金额大于0为1时的二值选择变量，集约边际则为投资项目的平均金额。

对东道国金融发展产生的直接效应和间接效应的识别则借助行业外部融资依赖度和东道国的初始经济发展水平。当不控制东道国初始经济发展水平的影响时，行业外部融资依赖度与金融发展的交互项既反映了金融发展对对外直接投资的直接效应，也反映了间接效应，通过控制东道国初始经济发展水平则可以将间接效应分离出来，进而估计出直接效应的大小。

德博尔德和魏（Desbordes & Wei，2017）发现东道国金融发展确实促进了东道国经济发展，使更多企业可以进入市场。对绿地投资的研究表明，金融发展不但产生了正向的直接的融资效应，而且具有正向的间接的集聚效应，正向效应超出了可能存在的负向效应，从而金融发展对对外直接投资净效应为正，其中直接效应可以占主导，占总效应的比重超过2/3，间接效应仅占10%～27%。对于绿地投资而言，金融发展的影响主要体现在集约边际中，而且主要是直接效应发挥作用。就扩展投资而言，无论在扩展边际还是集约边际上东道国金融发展都具有直接的和间接的正向影响，但是这种影响并不比对绿地投资的影响更大。就跨国并购而言，同样是在扩展边际和集约边际上，东道国金融发展都发挥了直接和间接的正向影响，不过在扩展边际上东道国金融发展的总影响要大于对绿地投资的影响。

整体上德博尔德和魏（Desbordes & Wei，2017）的研究结果同样验证了东道国金融发展对跨国企业行为的重要影响，而且这种影响以积极作用为主。与比尔等（Bilir et al.，2017）不同的是他们将正向效应做了更进一步的分解，同样证明了融资效应是促进跨国企业海外投资活动重要的影响因素。

影响企业对外直接投资的因素总体上可以分为三类：一是从东道国的视角研究；二是从国内的视角研究；三是从国内外差异角度进行研究。在对外直接投资国内推动因素的文献中，温磊（2013）、郭杰和黄保东（2010）、余官胜（2015）等从国际贸易、技术能力、投资动机等因素研究了中国企业对外直接投资的动因，总体上发现经济实力的提升、技术水平进步以及国际贸易的繁荣等是最为主要的正向因素。就中国企业海外并购而言，有研究认为中国企业并购活跃并非如主流观点认为的那样源于企业的竞争优势，而是源于本国资产价格上升带来的融资条件改善（谢红军、蒋殿春，2017）。在第二类文献中，阎大颖（2013）、王永钦等（2014）、陈健和徐康宁（2009）均从制度视角探讨了东道国因素企业对外直接投资的吸引力。国内与东道国腐败差异（胡兵、邓富华，2014）、产业结构差异（顾雪松等，2016）、双边政治关系（刘晓光、杨连星，2016）也是影响中国企业对外直接投资的重要因素，属于第三类研究视角。

2. 母国与东道国金融周期趋同性对对外直接投资的影响研究

加雷托和费莱特（Garetto & Fillat，2015）的研究论证了企业跨国并购的区位选择和风险溢价的关系。首先是企业通过跨国并购获得多元化带来的收益，更高的风险溢价往往发生在与母国经济关系紧密的国家，这种经济关系容易在共振效应的作用下削弱多元化的企业收益。其次是固定成本和沉没成本的杠杆效应和滞后效应决定了更高的风险溢价发生在进入成本和生产成本更高的国家。

在国际投资的研究领域有大量文献探讨了企业跨国投资的决策过程及企业和区位选择问题。但是对企业成为跨国公司的风险研究相对较少。例如，对企业通过跨国并购对资源进行多元化的配置是否能降低经营风险；跨国企业的哪些特征决定了它们比纯粹的国内企业具有更高的风险。要回答这些问题，需要研究跨国公司的区位结构如何影响其在资本市场中的风险溢价。这个问题的难点在于，企业的国际化行为即是对资源进行多元化配置但又隐藏着一定的风险。跨国公司是世界经济中的主要参与者。理解跨国公司的风险敞口有利于将风险在全球范围内分散配置，这对应对国外的经济危机影响中国母公司特别重要。

加雷托和费莱特（Garetto & Fillat，2015）的研究中将跨国公司的国际行为与公司的股票收益建立了关联。在加雷托和费莱特模型中，企业的跨国运营提供了资产多元化的合理配置：如果两个国家的商业周期不是非常相关，通过跨国销售可以分散经济波动的风险，我们把这个机制叫作"渠道多元化"效应。在均衡状态下，这意味着跨国公司的期望收益会比非跨国公司要少；对跨国公司来说，分支机构在与中国经济联系不紧密国家运营的收益会相对较高。另外，模型中关于风险的第二个渠道来自国外运营中的沉没成本和固定成本所引起的潜在损失，而这些损失会对企业运营产生杠杆作用。如果企业预测到国外分支机构可以盈利，更多的企业会建立国外新的公司，但是必须承担建立新公司的沉没成本和生产过程的固定成本。如果东道国受到经济波动的负面冲击，分支机构会给母公司带来损失。为了不放弃已经付出的沉没成本，母公司一般会选择暂时不退出国外市场，并承担来自分公司的利润损失。固定成本和沉没成本越高，潜在的损失越大，母公司倾向于承担损失的时间也就越长。这种潜在的损失可以看作是母公司投资者的现金流风险。"固定成本和沉没成本渠道"意味着如果进入成本高，则跨国公司母公司在资本市场上的股票收益也会较高。

在模型中，分析的重点是提供了一个结构性方程，连接了企业和国家的特点与其收益的关系。通过估计这个方程，能确认跨国公司的区位选择对其风险溢价的影响。这个方法可以让我们两个维度分解企业层面的风险溢价。首先，可以计算得出每个东道国对企业风险溢价的分布；其次，能分解出期权价值与资产的对比分布，从而解释资本市场上的股票收益。

加雷托和费莱特（Garetto & Fillat，2015）发现跨国销售总的风险溢价是比较大的：平均来看，在世界各地有分支机构的跨国企业全年收益的期望值要比纯粹在国内销售的企业高3%，拥有较高风险溢价的国家有希腊、马来西亚、新加坡、丹麦、印度和中国。但是大多数的欧洲国家和加拿大有很低的风险溢价。来自国外销售额期权价值这部分风险溢价总体来看比较小，大约是0.65%。所以，进入国外市场对企业构成较大风险的可能性比较小。

理解资本市场上股票平均收益为什么在不同特点企业间变化的是整个资产定价文献的核心问题。然而，对于跨国公司股票收益的实证文章还不是很多，最初的研究主要是检验跨国公司的收益，探讨企业国际化行为是否实现了股东投资者资产的多元化收益。对于这种"多元化收益假设"的实证很少。雅基亚尔和索尔尼克（Jacquillat & Solnik，1992）对跨国公司在9个国家的收益进行了回归，发现企业在国外的收益与国内的收益联系很紧密，没有发现支持多元化带来超额收益的证据。罗兰和泰萨（Rowland & Tesar，2004）使用不同的计量方法也没有发现企业国际化的超额收益。加雷托和费莱特（Garetto & Fillat，2015）使用企业层面数据研究发现，跨国公司的股票收益要比普通公司的股票收益要高。加雷托和费莱特（Garetto & Fillat，2015）针对以上问题提出了解决问题的另外一个方法：成本渠道。固定成本和沉没成本提高了跨国公司的风险，能够解释跨国公司拥有更高收益的原因。

3. 东道国金融发展对跨国企业 OFDI 区位选择的影响研究

根据新古典增长理论，资本应该从富国流向穷国，因为穷国的人均资本存量较少，资本边际回报率高于富国。然而国际资本流动却呈现从穷国流向富国的"资本流动悖论"。2007 年金融危机爆发以来，发展中国家和转型经济体的对外直接投资速度加快。这一时期，中国对外直接投资也迅猛增加，2015 年成为仅次于美国的世界第二大对外直接投资国，资本流出首度超过资本流入，成为资本净输出国。据经济学人智库（Economist Intelligence Unit，EIU）2013 年对中国海外投资趋势的预测认为，发达经济体将越来越受到中国投资者的青睐。2014 年度和 2016 年度《中国对外直接投资统计公报》则显示中国对北美、欧洲、澳大利亚等地区的投资迅速增长。

关于跨国资本是流向穷国还是富国的研究中影响最大的是卢卡斯（Lucas，1990）。卢卡斯（Lucas，1990）在《为什么资本不能从富国流向穷国》一文中比较了 1988 年的美国和印度，并证明如果新古典主义模型是正确的，那么印度的资本边际产出应该是美国的 58 倍。因此，所有的资本都应该从美国流向印度。然而，事实并非如此。包括卢卡斯在内，许多研究人员都证明对标准新古典主义理论进行微调，悖论就消失了。经济学家们从发达国家和发展中国家的人力资本差异、制度差异、发展中国家金融抑制等角度提出了诸多解释（Lucas，1990；Keefer & Knack，1997；王勋，2013；王恕立、向姣姣，2015）。

对"卢卡斯悖论"的理论解释划可以分为两类（Alfaro et al.，2013）：第一类包括影响生产结构的基本面差异，如技术、生产要素、政府政策和制度结构。第二类解释并关注了资本市场不完善，主要是主权风险和信息不对称（Lucas，1990；Keefer & Knack，1997）。虽然发展中国家的资本回报率很高，由于市场的运行效率低，国际资本一般不会首选到那里投资。

在发展中国家资本流动可能面临多种风险，如道德风险和缺乏抵押品（Gertler & Rogoff，1990）、违约（Reinhart & Rogoff，2004）或信息摩擦（Portes & Rey，2005）等障碍。另外，资本向上"流动"可能与富裕国家具有较大规模的市场、多元化的投资机会、较低的交易成本有关（Martin & Rey，2000）。卡塞利和费勒（Caselli & Feyrer，2007）的研究表明，在新古典主义模型中资本的边际收益在各国之间惊人地相似。他们还发现贫穷国家人力资本特别是全要素生产率（TFP）与资本要素缺乏互补性，是造成"卢卡斯悖论"的重要原因。

对外直接投资区位分布的风险特征研究实质上是关于东道国国家风险与对外直接投资流入之间关系的研究，国内外学者普遍认为稳定的东道国政治经济环境能够为企业提供安全稳定的发展空间，企业的产权能够得到有效保护，从而对外直接投资应当更多地流向制度质量较高的东道国，反之，东道国制度质量越差，外国直接投资（FDI）流入越少。在相关的实证分析中，对外直接投资的流入随着东道国腐败程度的提高而降低（Wei & Shleifer，2000）。某些制度的影响要比另外一些更大，其中，法律的不可预测性与过度监管负担等是阻碍 FDI 流入最为重要的制度因素（Daude & Stein，2007）。埃斯尔杜（Asiedu，2006）、布塞和海福柯（Busse & Hefeker，2007）也支持东道国制度质量与 FDI 流入正相关的观点。除绝对制度质量之外，母国与东道国之间的制度差异对两国之间的 OFDI 也会产生影响（Habib & Zurawicki，2002）。

与主要发达国家对外直接投资区位选择不同的是，比例不小的中国企业 OFDI 分布在制度风险较高的地区。率先提出我国对外直接投资具有制度风险偏好特征的是巴克利等（Buckley et al.，2009）。他们根据我国 1984～2001 年的 OFDI 数据进行回归，指出我国的 OFDI 除了更倾向于流向与本国距离近、文化相似、市场大、资源丰富的国家之外，还更加偏好政治风险较高的国家；科尔斯塔德和韦格（Kolstad & Wiig，2012）通过引入自然资源丰富程度与制度质量的交叉项，发现我国的 OFDI 更加偏好自然资源丰富但是制度质量差的国家；拉玛萨米等（Ramasamy et al.，2012）则研究了 2006～2008 年间我国上市公司的对外直接投资行为，发现虽然私有企业样本的回归结果并不显著，但国有企业的对外直接投资具有强烈的制度风险偏好。关于我国的对外直接投资为何呈现出如此强烈的制度风险偏好的原因，巴克利等（Buckley et al.，2009）、科尔斯塔德和韦格（Kolstad & Wiig，2012）认为由于政府主导的国有企业是我国 OFDI 的主体，利润最大化并非其投资行为的唯一目标，而是具有一定的政治意图。此外，我国企业在法制不完善的东道国具有特定优势，制度不健全更有利于我国国有企业的"非市场行为"（Morck et al.，2008）。但是，也有不少学者对制度风险偏好的观点持保留态度。如王永钦等（2014）、刘青等（2017）均认为中国企业更加偏好腐败程度低的国家。

关于东道国金融发展与对外直接投资区位选择的研究，德博尔德和魏（Desbordes & Wei，2017）认为，当融资脆弱的企业进行 FDI 的部分外部融资需要在目的国筹集时，东道国较高的金融发展水平对向内 FDI 的规模具有正向的直接的外部融资效应。如果当地的融资条件优越，企业可能选择在当地融资（Desai et al.，2004）。监督海外项目和执行跨境索赔（claim）会遇到为国内项目融资时不会遇到的困难，如果母国的金融机构因此不愿为 FDI 成本提供全部的融资（或者要求风险溢价），企业也会受到融资约束从而选择在东道国融资（Buch et al.，2014；Bilir et al.，2017）。芬伯格和菲利普斯（Feinberg & Philips，2004）、德赛等（Desai et al.，2006）和比尔等（Bilir et al.，2017）都强调了对于美国跨国企业而言在金融发展水平高的东道国经营的重要性。这些研究表明美国子公司经营活动的扩张在外部融资相对有限和昂贵的东道国受到限制，尽管他们可以通过内部资本市场获得资金，总比当地的企业具有融资优势（Desai et al.，2006）。

中国现实的金融体系存在的一些问题，导致企业面临融资困难，不得不放缓国际化步伐。以本书研究的对外直接投资为例，国内金融发展水平滞后使企业从母国获得外部融资来支付对外直接投资成本的能力下降。即使企业可以利用在母国建立起来的银企关系为海外项目融资，但要因此承担汇率风险，企业的流动性下降，可抵押资产减少，利用其他投资机会的能力受到影响。而且相比国内项目，监督海外项目和执行跨境索赔的难度都会增加，母国金融机构提供融资的意愿下降，或者要求更高的风险溢价。这种情况下如果东道国融资条件优越，企业会选择在当地融资（Buch et al.，2014；Bilir et al.，2017）。反之，如果东道国的外部融资相对有限和昂贵，即使跨国公司子公司可以通过内部资本市场获得融资（Desai et al.，2004），其在东道国当地的扩张以及跨国企业内部的资源调整能力都会受到限制（Feinberg & Philips，2004；Desai et al.，2006；Bilir et al.，2017），初始资本市场发展水平较低的国家金融市场自由后跨国企业子公司成长更快。

东道国较高的金融发展水平有利于企业根据需求利用外部和内部资本市场来最小化投资成本，从而促进对外直接投资。以美国为例的研究发现，在私人信贷水平较低和对债权人权力保护水平较低的国家，美国跨国企业子公司较少使用外部负债，同时母公司融资在子公司资产中的比例更高，母公司持有的子公司的股权比例也更高，尽管如此母公司对海外子公司在资金上的支持并不能完全弥补子公司在资金上的不足（Desai et al.，2004；Antràs et al.，2009）。据德赛等（Desai et al.，2006）估计，由于东道国的信贷市场发展滞后，美国海外子公司从母公司获得的融资只能弥补大约 3/4 的外部融资需求缺口，子公司规模比在金融发展水平较高的国家低 13% ~ 16%。德博尔德和魏（Desbordes & Wei，2017）的研究指出，东道国金融深化对 FDI 在集约边际和扩展边际上都极有明显的促进作用。坎德洛夫等（Kandilov et al.，2017）研究发现，在美国放松州际银行管制的地区会吸引更多和更大规模的跨境并购交易，跨国企业在美国获得的融资可以替代其母国的融资，以现金作为支付方式的并购交易中这种替代效应会更大。因此，对于国内金融发展水平相对滞后的中国企业而言，东道国优越的融资环境无疑具有极大的吸引力，成为影响中国企业对外直接投资的重要因素。

理论上讲，东道国金融发展对跨国企业的进入既可以产生竞争效应，减少对外直接投资的概率，也可以产生融资效应，增加对外直接投资的概率（Bilir et al.，2017）。二者力量的大小决定了东道国金融发展对对外直接投资的净效应。从已有文献的研究结果来看，东道国金融发展的提高对进入的跨国企业子公司数量（扩展边际）的影响通常为正向（Bilir et al.，2017；Desbordes & Wei，2017）。德赛等（Desai et al.，2006）对美国跨国企业研究表明，在金融发展滞后、存在资本管制的国家，跨国企业面临着更高的借贷成本，为规避资本管制而采取的行动也成本高昂，使企业的投资水平大大缩减，这也意味着更多的企业由于资本管制根本无法进入市场。如果资本管制放松或者取消，进入市场的跨国企业数量及其投资规模都会上升。有研究持不同的观点，认为东道国落后的资本市场和脆弱的投资人保护会使贷款人更加偏好跨国企业以直接投资的方式直接介入（Antràs et al.，2009）。这意味着东道国金融发展水平的提高可能减少跨国企业直接投资，增加国际外包或者技术转让。从对外直接投资的集约边际看，东道国金融发展水平提升虽然可以增加子公司的总销售，但是单个子公司在东道国的销售会下降（Bilir et al.，2017）。德博尔德和魏（Desbordes & Wei，2017）将集约边际定义为对外直接投资项目的平均规模，他们的实证研究表明东道国金融发展对集约边际的影响以正向的融资效应为主，净影响为正。

目前，从融资约束角度对中国企业对外直接投资的研究主要集中在微观企业层面，使用不同的方法测度企业的融资约束程度，并检验其对对外直接投资的抑制作用，包括对是否进行投资、投资额、东道国的选择，以及在东道国的经营活动范围等的影响（王碧珺等，2015；刘莉亚等，2015；李磊、包群，2015；王忠诚等，2017）。另一类文献关注国内金融发展对对外直接投资的促进作用（杜思正等，2016）。国内金融市场的不断完善会放宽实体企业的融资约束，使内资充分流动，从而提高资本的配置效率、改变企业的生产模式（吕朝凤、朱丹丹，2016）、提高企业生产率，直接和间接地促进对外直接投资。使用微观企业数据的研究中企业生产率是解释对外直接投资行为的另一重要因素，不同生产率的企业对融资约束的敏感程度也会存在差异（刘莉亚等，2015）。

综合已有研究可以看到，拥有较高金融发展水平的东道国提供了良好的融资环境，由此产生的融资效应可以降低企业使用当地资本的成本，进而促进投资，但也可能带来抑制投资的竞争效应。国外已有研究的结论基本一致认为东道国金融发展有利于跨国企业开展对外直接投资。这些研究以单个发达国家的跨国企业为样本（Bilir et al.，2017），或者集合全球大多数国家的对外直接投资数据进行研究（Desbordes & Wei，2017）。然而对外直接投资活动在不同经济发展水平的国家之间分布是非均衡的，而且各国企业在对外直接投资中面临的市场竞争程度存在较大差异，使得已有研究结论对中国这样的发展中国家的适用性有待进一步检验。目前，国内少有相关研究，东道国金融发展影响中国企业对外直接投资渠道以及影响的异质性等问题都有待解决。对这些问题进行研究有助于我们从定量的角度认识中国企业对外直接投资的区位选择问题，更好地借力东道国金融发展促进中国企业国际化，顺利推进"走出去"和"一带一路"倡议。

第三节　东道国的金融市场不完全对企业对外直接投资的影响研究

一、东道国的银行业管制与企业对外直接投资的研究

在世界各国银行信贷始终是企业获取融资的最主要的渠道之一，对于中

国企业而言尤其如此。因此，银行业的发展势必关系到企业的融资能力和融资约束程度，进而影响企业的投资与经营活动[①]。以美国为例，直到 20 世纪 70 年代初，美国各州都禁止或严格限制州际银行业务和州际银行分行。70 年代末，许多州开始解除对国家银行分行和州际银行扩张的限制。放松管制导致银行部门间的竞争更加激烈，垄断权力下降，效率提高，企业可以在方松管制的州获得更加便宜的信贷（Jayaratne & Strahan，1996，1997；Cetorelli & Strahan，2006），这对美国的金融和制造业产生了重要的影响，这种影响同样扩散到对以美国企业为标的的跨境并购活动中（Kandilov et al.，2017）。坎德洛夫（Kandilov et al.，2017）发现，80 ~ 90 年代取消州际银行管制后，银行间的竞争加剧导致融资更容易而且成本更低，州范围内的并购交易数量增加。他们还发现美国取消州际银行管制在改善当地融资条件的同时还可以对跨国企业母国融资形成替代，进而促进并购交易。取消州际银行管制对并购交易的集约边际（并购规模）产生积极影响，但是对于来自金融发展水平较高的国家的并购企业而言，取消州际银行管制对投资的吸引力下降。此外，取消州际银行管制的影响还会受到其他因素的影响，例如，并购交易是否使用现金交易、并购方是否为上市交易企业，并购方以及被并购方是否属于外部融资依赖度较高的行业。并购交易使用现金交易或者所在行业外部融资依赖度较高时，取消州际银行管制会促进并购活动，并购方为上市交易企业时其融资渠道更多，受到州际银行管制政策变化的影响则较小。总的来说，放松州际银行管制通过降低信贷成本和改善银行业结构两种渠道促进了进入美国的跨国并购交易。

银行放松管制不但可以通过直接降低融资成本和增强银行业竞争来促进投资活动，间接地对其他经济活动的促进作用也可能促进对外直接投资。银行业的健康发展则是关系到信贷市场和企业投资活动的另一个重要因素。20世纪 80 年代，日本对外直接投资出现爆发式增长，与此同时日元对美元大幅升值，弗鲁特和斯坦（Froot & Stein，1991）从资本市场中存在的信息不对称出发，研究了真实汇率的变化对日本对外直接投资的影响。90 年代日本对美

[①] 金融供给侧的冲击会对企业投资产生巨大影响。金融机构集中度越高，单个银行规模与经济规模的关联性越强，越容易对经济产生冲击。参见阿米蒂和温斯坦（Amiti & Weinstein，2013）的研究。

国的对外直接投资出现大幅下滑，日元升值虽然可以解释90年代初期资产价格泡沫破灭期间日本对美国投资的下降，但是无法解释90年代中期日元大幅升值期间对外投资减少的原因（Klein et al.，2002）。90年代日本对外直接投资下滑与该时期资产价格泡沫崩溃和政府收紧管制导致的银行信贷不足有密切关联。克莱恩等（Klein et al.，2002）便是从银行信贷的可获得性角度研究了这一时期日本对美国投资大幅下降的原因。他们发现由于日本银行的财务状况恶化，日本企业获得外部融资的能力受损，对外直接投资下降最多的企业是那些与银行关系紧密，而其所依赖的银行又受到重创，可贷资金大量减少。相比美国企业日本企业对银行的依赖度很高，银企关系密切，如果企业所依赖的主要银行无法或者不愿意为其提供融资，企业也很难通过其他渠道融资。他们研究证明由于资本市场不完善，在一个以银行为主导的金融体系中银行业的健康发展对对外直接投资活动至关重要。

银行业对对外直接投资的影响可能是间接的。作为金融体系的重要组成部分，银行业的规模和效率以及稳定性必然会影响实体经济的发展[1]。在美国等发达国家发达的银行业既是经济发展的结果，同时也是促进经济发展的重要条件和因素。根据邓宁的"国际生产折衷理论"，跨国企业进行对外直接投资时必须考虑不同区位选择下东道国的有利和不利因素。与对外直接投资的动机相结合，对于中国企业而言，除了自然资源、劳动力成本这些传统的区位选择因素，中国企业在实现产业升级和技术升级的过程中，无论是从国家层面的产业政策角度，还是从企业发展角度看，东道国良好的创新和技术水平无疑具有重要的吸引力。东道国是否具有吸引中国企业的创新和技术优势会受到该国金融发展水平的影响，该国银行业在其中无疑发挥重要的作用，因为银行业发展水平会影响其基本的资源配置功能、企业监督和治理功能、分散和管理风险功能。这些又是进一步影响企业和整体经济运行的重要因素，大量的研究也证实了银行业的发展对创新创业活动的影响。

---

[1] 金融冲击与经济发展的研究表明，银行冲击对信贷供给和某些类型的国外投资具有重要的影响（Paravisini，2008；Khwaja & Mian，2008；Amiti & Weinstein，2013）。

二、东道国资本管制对企业对外直接投资的影响研究

2008～2009 年，全球金融危机再次引发各国决策者和学者们对国际资本自由流动的争议。为了加强对资本流动的控制并管理随之而来的风险，部分新兴市场对外国资本实施税收或管制措施。一些已经实现资本项目自由化的国家，包括一些经济合作与发展组织（OECD）国家也着手限制资本的自由流动（余永定、张明，2012）。如果资本管制不会影响贷款利率，为规避资本管制所花费的成本也可以忽略不计，资本管制对外国投资者的进入就不会构成阻碍。事实却是，资本管制会限制外国投资者进入当地资本市场的途径，限制投资和股息的自由回归，还可能限制外国人购买当地公司股权的比例（Chari & Henry，2004）。简言之，资本管制带来的投资障碍会限制外国投资者的投资机会（Henry，2007）。与此同时，中国正在大力推进"走出去"战略和"一带一路"倡议，研究世界各国资本管制会对中国企业的对外投资产生怎样的影响，对于推动"走出去"战略顺利实施具有重要的理论与现实意义。

在现实中，资本管制取决于旨在减少系统性风险和外国资本流入波动的宏观审慎措施，同时还具有保护主义或者重商主义的动机，以维持较低的币值和出口竞争力（Gallagher，2012；Pasricha，2017）。巴格瓦蒂（Bhagwati，1998a，1998b）、罗德瑞克（Rodrik，2000）反对资本自由流动可以使一国从自由贸易中获益的观点，他们认为资本市场的自由化会一国经济带来投机性冲击。巴西政府正是在过多外国资本流入、巴西货币在 2004～2008 年期间升值 50% 的背景下出台旨在控制资本流入的歧视性税收政策。然而，一方面，这一政策的有效性受到了质疑（冯晓明，2001；Johnson & Mitton，2001；Laurens & Cardoso，2013），另一方面则是与吸引外资的迫切愿意相背离。在理论界，资本管制放松对经济和投资的影响一直是一个有争议的话题（Eichengreen，2001）。以罗德瑞克（Rodrik，2010）为代表的学者持怀疑态度，认为资本管制放松与经济增长之间不存在显著的关联。费希尔（Fischer，1997）则认为资本管制放松可以显著促进经济增长。游宇和黄宗晔（2016）研究发现资本管制的重点不同会对经济增长产生差异性影响，其中对直接投资进行资本管制对经济增长的影响不显著，对股票的管制阻碍经济增长，对

债券的管制促进经济增长。

资本管制会影响资本管制国的融资成本和配置效率。放开对资本的管制虽然会导致股票市场波动增强，但同时也可以促进股票市场发展，增强其流动性（Zervos，1996）。韩乾等（2017）以中国上市企业为样本对短期国际资本流动的研究表明，短期国际资本流入会显著降低上市企业的融资成本。同样地，陈创练等（2016）对中国工业行业的研究表明，当中国金融发展水平处于较低水平上时国际资本流入有利于提高中国工业行业的资本配置效率。贝卡特等（Bekaert et al.，2005）、查瑞和亨瑞（Chari & Henry，2002）发现股票市场自由化后当地上市企业的投资增加，但是投资扩张并非预期那样源于系统性的重新定价风险，而是源于无风险利率的下降。德赛等（Desai et al.，2006）使用不同的资本管制指标研究后发现，在存在资本管制的东道国美国子公司的规模会缩小12.7%～15.9%。刘莉亚等（2013）从国际资本流动异常状态、规模和波动性角度研究了资本管制对国际资本流动的影响，发现资本管制对国际资本流动的作用有限。

除对整体经济的影响外，资本管制还会扭曲投资组合和企业行为。即使是在同一个国家，资本管制产生的融资效应对不同企业的影响也有差异（Rajan & Zingales，2003）。企业的政治关联状况、规模、所有制性质、出口行为、是否进行国际化经营等都会影响资本管制下企业获得融资的能力（Forbes，2007；Alfaro et al.，2017）。例如，在金融发展水平较低、外部融资难度较大的国家，跨国企业可以利用内部资本市场融资来规避资本管制带来的融资成本上升[1]。在存在资本管制的国家美国跨国企业海外子公司在当地的贷款利率比在其他国家高出5.25%，相当于税收增加27%。随着资本管制的放松，这些海外子公司的年均成长速度会提高6.9%（Desai et al.，2006）。由于资本管制会限制投资和利润的自由流动，跨国企业会通过转移定价、分红等方式巧妙地转移利润，而不愿意为子公司提供额外的资源促进其成长。

---

① 德赛等（Desai et al.，2008）发现随着汇率大幅贬值，美国海外子公司从母公司获得更多融资以增加销售额。马诺娃等（Manova et al.，2014）证明在外部融资依赖度较高的行业中，中国国内企业出口比例低于跨国企业。

第四节 研究评述

首先，从东道国金融市场角度研究对外直接投资时，已有研究的研究对象大多以西方发达国家跨国企业为重点，研究结论对于发展中国家跨国企业的适用性有待商榷。当以发达国家跨国企业对外直接投资为主体时，东道国常常为金融市场发展相对落后的发展中国家。由于一个的金融发展以及金融发展带来的融资便利程度是企业竞争优势的重要来源，这意味着发达国家跨国企业所具有的融资优势可以体现在两个方面：一是在母国发达国家跨国企业在优越的融资环境中培养起强大的竞争力，在与东道国当地企业的竞争中处于优势地位。即使东道国金融发展可以促进当地企业进入市场，增强竞争力，与发达国家跨国企业形成竞争态势，但是这种竞争效应的发挥可能也是有限的。由于金融发展水平的提高不是一蹴而就，而是循序渐进的。因此，竞争效应的发挥可能只局限于某些特定的对融资条件的变化反应较为敏感的产业或者部门，例如一些初始投资成本相对较低，或者技术水平要求相对较低的行业。一些行业，例如投资规模大、风险高的高科技行业和医药行业，竞争效应的发挥还可能在短期内难以实现。二是东道国金融发展带来的融资效应的分布可能是不均衡的。如果东道国当地企业的竞争力与跨国企业的竞争力差距较大，发达国家企业便可以凭借自身竞争力更强、实力更雄厚、技术与管理水平更高的优势受到东道国金融机构的青睐。在金融发展提高的过程中，发达国家跨国企业可能收获了金融发展所带来的大部分好处，融资环境的改善程度超出当地企业。因此，以发达国家跨国企业为研究对象时东道国金融发展产生的正向的融资效应很可能是占主导地位，从而得出东道国金融发展促进跨国企业对外直接投资的结论。

集合全球大多数国家对外直接投资数据检验东道国金融发展对投资活动的影响时，可以避免从单一发达国家角度研究时的弊端，但是研究结论事实上反映了各国金融发展对对外直接投资的整体影响。使用多国数据的不足在于，对外直接投资活动在不同国家的分布是不均衡的。虽然发展中国家对外直接投资近年来有了快速发展，但是发达国家企业无疑仍然是全球对外直接投资的主导力量。因此，研究结论与单独采用发达国家为样本的结论保持一致，认为正向的融资效应是东道国金融发展影响对外直接投资的主导力量，进而得出对外直接投资区位选择应该为高金融发展水平国家的结论。

因此，从发展中国家的立场出发研究东道国金融发展对对外直接投资活动的影响是极为必要的。中国是世界上最大的发展中国家，近年来对外直接投资经历了爆发式的增长，2016 年对外直接投资流量已经跃居世界第二。以中国企业对外直接投资为研究对象，可以丰富对金融发展影响对外直接投资的认识，加深对发展中国对外直接投资活动的理解，提高对策建议的针对性和适用性。

其次，从金融发展的测度指标看，已有研究中对东道国金融发展的界定较为狭义。使用最为广泛的指标为私人部门信贷规模，资本市场化率为另一常用指标，经常用于对稳健性检验。金融发展是一个内涵丰富的概念，任何与资本流动和配置有关的活动都会涉及金融发展。金融市场规模扩张为那些进入东道国的跨国企业的发展营造了良好的外部环境，无论融资效应还是竞争效应的发挥，其前提都是跨国企业顺利进入东道国。事实上，由于资本管制的存在，资本不一定能够顺利进入市场，使得金融市场规模的变化难以对跨国企业行为产生影响。另外，资本管制措施是国家出于稳定经济发展而实施的宏观审慎措施，可能在短期内发生巨大的变化。一国的金融市场规模则不同，它与一国的经济发展水平相适应，具有较强的连贯性。因此，很有必要从资本管制的市场研究金融发展对对外直接投资的影响。

虽然已经有研究就东道国资本管制对美国跨国企业行为进行了研究（Desai et al.，2006），但是对于资本管制通过融资渠道影响对外直接投资的识别采用了间接方式，即检验资本管制对东道国当地贷款利率的影响。这种间接的检验方式存在两个问题：一是影响贷款利率的因素很多，在检验中很可能存在遗漏变量，影响估计结果；二是数据的可得性差，使得这一检验方式很难复制，从而无法将检验过程扩展到对其他国家跨国企业的分析中，来验证融资效应是否广泛存在。

对于中国这样新兴的对外直接投资大国，对对外直接投资的研究还处于不断丰富和深化的过程中，从资本管制角度进行研究尚没有引起学术界的广泛关注。因此，一方面有必要从资本管制角度展开研究，另一方面则是在研究过程中对融资效应采用更加准确的识别方式，有效识别中国企业对外直接投资与东道国资本管制之间的因果关系。

最后，针对东道国金融发展对中国企业对外直接投资的影响研究主要有两点值得进一步关注。一是已有研究重点回答了是什么的问题，即东道国金融发展对中国企业对外直接投资的影响是怎样的；但是缺乏对为什么的回答，即东道国金融发展对中国企业对外直接投资的影响机理是什么，以其他国家为样本发现的影响机理是否在中国企业中也适用。二是中国是一个发展中国家，对外直接投资的东道国中既有发达国家也有发展中国家，在不同的东道国中金融发展带来的影响是否具有差异性，这种差异性对中国企业对外直接投资的区位选择以及政府的对外直接投资政策会产生怎样的影响。

综上所述，研究东道国金融发展对中国企业对外直接投资的影响具有重要理论和现实价值，已有研究中需要进一步丰富和完善的地方则为本书提供了研究空间。

东道国金融发展影响对外
直接投资的机制分析

第一节　东道国金融发展的融资效应
　　　　及其对生产率门槛的影响

一、基本假设

本书借鉴赫尔普曼等（Helpman et al.，2004）、陈和摩尔（Chen & Moore，2010）的建模思想，并参考比尔等（Bilir et al.，2017）对东道国金融发展的研究方法，构建了一个异质性企业模型分析东道国金融发展对跨国企业对外直接投资决策的影响。假设世界包含"$N+1$"个国家，每个国家拥有 2 个部门。其中 1 个部门生产同质化的基准产品，另一个部门生产差异化的产品。用 H 代表对外直接投资企业的母国，N 代表世界上的其他国家，用 $j=1$，…，N 表示。

在各个国家中每个企业都拥有一个生产率水

平 θ_i，生产一种品牌的差异化产品。企业生产率的累积分布函数用 $G(\theta)$ 表示。给定 CES 效用函数，每个国家对差异化产品的需求函数由 $x_{ij} = a_{ij}A_j p_{ij}^{-\varepsilon}$ 决定，其中 x_{ij} 表示企业 i 在国家 j 的销售量，a_{ij} 为企业的需求参数[①]，A_j 是国家 j 的需求水平，p_{ij} 为价格，$\varepsilon \equiv 1/(1-\alpha) > 1$ 为需求弹性。企业 i 在母国生产和销售产品需要支付可变成本 c_H/θ_i 和固定成本 f_H^D。固定成本在每期生产活动开始时支付，并且无法使用前期的留存收益。因此，企业需要使用外部融资，外部融资的利息率为 $R > 1$，由国际资本市场外生决定。为简化分析，假设企业在母国融资时不存在金融摩擦，因而也不存在信贷配给[②]。利润最大化条件下企业在母国生产和销售产品的价格为 $p_H = c_H/\alpha\theta_i$，企业的利润和市场进入的生产率门槛值为：

$$\pi_{iH}^D = a_{iH}B_H\left(\frac{c_H}{\theta_i}\right)^{1-\varepsilon} - Rf_H^D \qquad (3-1)$$

$$\theta_i > \theta_H^D \equiv \left(\frac{Rf_H^D c_H^{\varepsilon-1}}{B_H a}\right)^{\frac{1}{\varepsilon-1}} \qquad (3-2)$$

其中，$B_H \equiv (1-\alpha)\alpha^{\varepsilon-1}A_H$，上标 D 表示企业在母国市场生产和销售产品。

企业 i 也可能选择通过出口或者对外直接投资的方式向其他国家 $j=1, \cdots, N$ 销售产品[③]。企业选择以出口方式服务国家 j 时需要支付每单位产品 $\tau_{ij}(\geqslant 1)$ 的冰山贸易成本，包含运输成本和国家 j 对进口产品征收的关税。为顺利实现出口，企业还需要在目的国建立分销网络或者提供售后服务，从而每期会产生出口固定成本 f_j^x。利润最大化条件下企业出口产品的价格为 $p_{ij} = \tau_{ij}c_H/\alpha\theta_i$，$j=1, \cdots, N$，出口利润和出口的生产率门槛值分别为：

$$\pi_{ij}^X = a_{ij}B_j\left(\frac{c_H\tau_{ij}}{\theta_i}\right)^{1-\varepsilon} - Rf_j^X \qquad (3-3)$$

[①] 参考陈和摩尔（Chen & Moore，2010），本书在需求函数中使用了企业的需求参数，捕捉不同国家对企业产品的偏好差异。当两个生产率相同的企业以相同国家为目标市场时，需求参数的差异是企业投资决策差异的影响因素之一。

[②] 事实是跨国企业在母国也会面临融资约束，但是可以通过假设来自相同国家的跨国企业所面临的外部融资环境基本相同，因此，外部融资约束程度相同，从而在理论分析中可以仅考虑东道国融资条件对投资决策的影响。

[③] 与比尔等（Bilir et al.，2017）不同，本书在模型中假设企业只考虑从母国出口到国外，排除了从国外子公司返销会母国的可能性。同时本书假设海外子公司不会出口到第三方市场以简化模型，实证部分通过市场潜力指标的构建将东道国出口的情形考虑进来。

$$\theta_i > \theta_j^X \equiv \left[\frac{Rf_j^X \left(c_H \pi_{ij} \right)^{\varepsilon-1}}{aB_j} \right]^{\frac{1}{\varepsilon-1}} \qquad (3-4)$$

其中，$B_j \equiv (1-\alpha)\alpha^{\varepsilon-1}A_j$，上标 X 表示出口。

企业也可以通过对外直接投资来服务国外市场，这样可以节约出口产生的运输成本，并利用东道国的资源禀赋，但是必须每期支付投资的固定成本 f_j^I，其中包括子公司的经营成本和在当地建立分销和服务网络成本，这意味着 $f_j^I > f_j^X$。企业在东道国融资成本可能略高于在母国融资成本①，如果可以在母国获得外部融资，企业将缺乏在东道国融资的动力。此时企业对外直接投资的利润为：

$$\pi_{ij}^I = a_{ij}B_j \left(\frac{c_j}{\theta_j} \right)^{1-\varepsilon} - Rf_j^I \qquad (3-5)$$

其中，上标 I 表示对外直接投资。

遵循赫尔普曼等（Helpman et al.，2004），假设对于所有的国家 j 都存在以下的关系：

$$f_H^D < (\tau_{ij})^{\varepsilon-1}f_j^X < \left(\frac{c_j}{c_H} \right)^{\varepsilon-1}f_j^I \qquad (3-6)$$

当 $\pi_{ij}^I > \pi_{ij}^X$ 时，企业会倾向于通过对外直接投资来服务国外市场。给定方程（3-2）和方程（3-3），企业选择对外直接投资的生产率满足如下条件：

$$\theta_i > \underline{\theta}_j^I \left[\frac{F(f_j^I - f_j^X)}{aB_j\left(c_j^{1-\varepsilon} - (c_H\tau_{ij})^{1-\varepsilon} \right)} \right]^{\frac{1}{\varepsilon-1}} \qquad (3-7)$$

如果 $\pi_{ij}^X > \pi_{ij}^I$，并且 $\pi_{ij}^X > 0$，企业更倾向于出口，这意味着：

$$\underline{\theta}_j^X < \theta_i < \underline{\theta}_j^I \qquad (3-8)$$

因此，生产率为 $\theta_i < \theta_H^D$ 的企业会完全退出市场；生产率为 $\theta_0^D < \theta_i < \underline{\theta}_j^X$（$\forall j$）的企业在国内市场生产和销售；生产率高于 θ_j^X 进行国际化经营。在给定东道国市场，中等水平生产率的企业，即 $\underline{\theta}_j^X < \theta_i < \underline{\theta}_j^I$，选择出口；效率最高的企业，即 $\theta_i > \underline{\theta}_j^I$，更倾向于进行对外直接投资。

---

① 如果东道国金融发展滞后，金融摩擦会直接导致企业在东道国的融资成本上升。即使是在金融体系发达的东道国，如果企业尚未与其金融机构建立关联，缺少信用记录，也可能导致外部融资成本上升。

二、融资约束下东道国的市场进入条件

（一）东道国当地企业的市场进入条件

本书已经假设企业在每期生产开始前通过外部融资来支付固定成本。由于资本市场上存在信息不对称，当金融体系发展滞后，对债权人保护不足时，获得外部融资的企业存在违约的道德风险。参考阿吉翁等（Aghion et al.，2005）的研究，企业支付利润的一部分作为违约的代价，用 $\eta \in [0，1]$ 表示。简便起见，企业的利润由销售收入减去生产的可变成本构成。用 η 来反映东道国的金融发展水平，较大的 η 表示金融体系发达，企业违约会付出较高的代价。东道国的企业获得融资后是否违约，取决于违约代价是否超出偿还贷款的金额，企业可能违约的条件是：

$$\eta a_{jj} B_j \left(\frac{c_j}{\theta_j} \right)^{1-\varepsilon} < R f_{jj}^l \qquad (3-9)$$

从式（3-9）给定的条件可以得到获得外部融资的企业生产率门槛值：

$$\theta_j^{\eta} = c_j \left(\frac{R f_{jj}^l}{\eta a_{jj} B_j} \right)^{\frac{1}{\varepsilon - 1}} \qquad (3-10)$$

假设东道国的金融机构可以观测到企业的生产率，那么只有 $\theta_j > \theta_j^{\eta}$ 的企业可以获得外部融资。当 $\eta < 1$ 时，企业进入市场的生产率门槛值上升。由于违约的风险较高，一部分生产率低于 θ_{η} 的企业将无法获得外部融资，进而减少了市场上的企业数量。当 $\eta = 1$ 时，信贷约束消失。

（二）东道国金融发展的竞争效应和融资效应

随着东道国金融发展水平的提高，企业获得融资后发生道德风险的概率降低，更多的企业获得融资，使得市场进入的生产率门槛降低，即 $d\theta_j^{\eta}/d\eta < 0$。因此，东道国金融发展水平上升会加剧市场竞争，对跨国企业的进入产生挤出效应。

如果选择在东道国融资，那么跨国企业子公司也可以从东道国金融发展水平提升中获益。假设由于海外投资的风险和监督难度较大，跨国企业的母国金融机构只愿意为国内生产和出口的固定成本提供融资，对于对外直接投

资的固定成本，只愿提供比重为 f_j^x/f_j^l 的融资①，$f_j^l - f_j^x$ 的差额部分则从东道国资本市场融资②。

足够高的生产率和足以偿还贷款的利润同样决定了跨国企业子公司是否能够获得东道国的融资。与东道国本土企业一样，跨国企业子公司如果违约需要支付利润的 $\eta \in [0, 1]$ 部分作为违约代价。由于跨国企业除在东道国生产外，还可以通过出口方式服务东道国市场，假设对于东道国的贷款人而言，跨国企业子公司的合理利润为对外直接投资的利润减去向东道国出口产品的利润。当满足以下条件时跨国企业子公司将不会违约：

$$\eta \left[a_{ij} B_j \left(\frac{c_j}{\theta_i} \right)^{1-\varepsilon} - F f_j^l - a_{ij} B_j \left(\frac{c_H \tau_{ij}}{\theta_i} \right)^{1-\varepsilon} + R r_j^x \right] > R(f_j^l - f_j^x) \qquad (3-11)$$

对式（3-11）进行整理后可以得到跨国企业子公司获得东道国融资的生产率门槛值：

$$\theta_i^\eta > \left(1 + \frac{1}{\eta} \right) \underline{\theta_j^l} \qquad (3-12)$$

由于 $\eta \in [0, 1]$，式（3-12）表明，首先，其他条件相同时，在东道国融资的跨国企业其生产率必须高于在母国融资的企业，只有生产率为 $\theta_j > \theta_i^\eta$ 的企业才能通过在东道国融资进行直接投资。其次，如果东道国的金融发展水平上升，在东道国融资的跨国企业的生产率门槛会降低，即 $\mathrm{d}\theta_i^\eta / \mathrm{d}\eta < 0$，更多的跨国企业将在东道国融资，进入东道国市场的跨国企业数量也相应上升。$\mathrm{d}^2\theta_i^\eta / \mathrm{d}^2\eta > 0$ 则表明在金融发展初始水平较低的国家，金融发展水平同时能更多地降低对外直接投资的生产率门槛，生产率门槛的下降的速度将会随着金融发展水平的上升而减速。因此，在高金融发展水平的东道国金融发展对促进跨国企业投资的作用会小于在低金融发展水平的东道国。

---

① 本书假设企业只通过当地生产的方式满足国内市场需求，在东道国的生产并不会返销回母国市场。母国金融机构为母国生产提供固定成本融资，当企业通过出口满足东道国市场需求时，提供出口固定成本融资。因此，母国金融机构对东道国生产产生的固定成本只愿提供相当于出口固定成本的部分。

② 此处将跨国企业子公司在东道国融资的比重设定为 $f_j^l - f_j^x$ 仅是为了简化分析，企业在东道国的融资比重大小并不改变分析的结果。

三、研究假设

上述的分析表明，东道国金融发展对跨国企业的进入极可能产生竞争效应，减少对外直接投资的概率，也可以产生融资效应，增加对外直接投资的概率。二者力量的大小决定了东道国金融发展对对外直接投资的净效应。从已有文献的研究结果来看，东道国金融发展的提高对进入的跨国企业子公司数量（扩展边际）的影响通常为正向（Bilir et al.，2017；Desbordes & Wei，2017）。德赛等（Desai et al.，2006）对美国跨国企业研究表明，在金融发展滞后、存在资本管制的国家，跨国企业面临更高的借贷成本，为规避资本管制而采取的行动也成本高昂，使企业的投资水平大大缩减，这也意味着更多的企业由于资本管制根本无法进入市场。如果资本管制放松或者取消，进入市场的跨国企业数量及投资规模都会上升。有研究持不同的观点，认为东道国落后的资本市场和脆弱的投资人保护会使贷款人更加偏好跨国企业以直接投资的方式直接介入（Antràs et al.，2009）。这意味着东道国金融发展水平的提高可能减少跨国企业直接投资，增加国际外包或者技术转让。从对外直接投资的集约边际看，东道国金融发展水平提升虽然可以增加子公司的总销售，但是单个子公司在东道国的销售会下降（Bilir et al.，2017）。德博尔德和魏（Desbordes & Wei，2017）将集约边际定义为对外直接投资项目的平均规模，他们的实证研究表明东道国金融发展对集约边际的影响以正向的融资效应为主，净影响为正。

理论分析中发现，金融发展水平的上升既会降低东道国当地企业进入市场的生产率门槛值（竞争效应），也会降低跨国企业子公司进入的生产率门槛值（融资效应）。如果东道国的金融发展水平已经很高，那么它对本国企业进入市场的促进作用会很有限，在经济发展水平较低的国家，正好相反。金融发展水平提高对经济增长促进效应会在经济发展水平达到一个较高的水平（以人均 GDP 衡量）时消失（Aghion et al.，2005）。发达国家的经济个体财富水平较高，不但减少了对外部融资的需求，也更容易获得银行贷款成为企业家（Wynne，2005）。在发展中国家情形正好相反，金融摩擦和信贷配给会限制经济个体成为企业家（Matsuyama，2012），融资条件改善将带来大量当地企业进入市场。因此，如果东道国为经济发展水平较高的富裕国家，即使金融发展水平上升，当地企业进入的数量也会有限，市场竞争的激烈程度随金融发展水平上升而增强的可能性较小。相反，在经济发展水平较低的国家，当地企业如果大量进入，则会使竞争快速加剧。因此，在经济发展水平较高的富裕国家，金融发展对对外直接投资企业生产率水平的影响会更大。但是，在富裕国家初始的市场竞争更为充分和激烈，在这些国家投资的企业的整体生产率水平仍然会高于经济发展水平较低的国家。

综合以上的理论分析和已有研究，本书得到以下待检验的假设：

假设3.1：东道国金融发展水平的提升会降低企业对外直接投资的生产率水平，在扩展边际和集约边际上促进企业对外直接投资。

假设3.2：在经济发展水平相对高的东道国，金融发展会使对外直接投资所需的生产率水平下降的更多。即使如此，在高经济发展水平的国家对外直接投资的最低生产率准入门槛始终高于低经济发展水平的国家。

第二节　东道国金融发展对跨国并购区位选择的影响

一、基本假设

本节的数理模型描述了东道国不完善的资本市场和契约执行度对企业跨国并购区位选择的影响。参考阿西莫格鲁等（Acemoglu et al.，2009）的研究，设定市场中有生产者和供应商。不同的是，我们假定国内是供应商，国外是生产商。两者在国际市场上相互博弈，双方行为遵循风险中性和利润最大化原则。假设供应商为母国企业，生产质量为 q 的中间品，成本为 $c(q)$。生产者为东道国企业，购买这些中间品后能够生产并销售价值为 q 的最终产品。假设生产中间品和最终产品的技术分别为母国企业和东道国企业所独有，最终产品只有在母国企业和东道国企业合作下才能完成。因此，双方的外部选择权均为零。

最终产品可以通过两种不同的企业组织形式来生产：第一种是母国与东道国企业不发生并购；第二种是母国企业并购东道国企业，即母国企业进行垂直一体化的对外直接投资。在不发生并购的条件下，母国与东道国企业的市场博弈情形分为以下阶段：

阶段1，母国企业向东道国企业提出要约 (q_c, p_c)，提供质量为 q_c 价格

为 p_c 的中间品①。如果东道国企业接受采购合约，则合约被执行的概率为 γ，合约不被执行的概率为 $1 - \gamma$，此时母国企业与东道国企业之间会就中间品价格展开讨价还价。

阶段 2，母国企业根据合约的实际执行情况确定中间品的质量 q。

阶段 3，如果合约被执行，东道国企业会获得中间品，而且支付与质量 q_c 对应的价格。

阶段 4，如果合约未被执行，母国企业得到的支付为零（此时，东道国最终产品生产企业仍然需要中间品）。另外，双方就质量为 q 的中间品的价格进行讨价还价，在这一点上，双方都没有外部选择权，供应商的议价能力等于 β。

阶段 5，交易双方最后达成协议，生产者制造和出售最终产品。

博弈过程包括不完全契约，因为合约中关于质量和付款的规定不可能是完美的。不完全契约既可能源于技术原因，也可能源于契约执行度或者制度不完善等原因，此处关注的是后者。用 γ 表示为契约的执行度，参数 γ 越高说明在本地区契约执行的越好。

如果母国企业选择并购东道国企业，情形是母国企业按照东道国企业提供的服务支付工资 w。前者可以监督后者是否履行了其义务，并支付监督成本 $\eta(\gamma)$，监督成本的多少某种程度上取决于东道国的契约制度。也就是说，监督成本 $\eta(\gamma)$ 会随着契约执行度的提高而提高。东道国企业只有在提供服务后才能得到报酬，母国企业仍然是自行选择对中间品质量 q 的投资。

接下来要描述的是跨国并购的收益，以及跨国并购决策过程和资本市场不完善的影响。

二、并购情形下母国企业的收益

母国企业并购东道国企业的目标函数：

$$\pi_s(q, w, a^p) = [q - c(q) - w - \eta(\gamma)]a^p \qquad (3-13)$$

其中，w 是母国企业支付给被并购东道国企业的工资，$\eta(\gamma)$ 是母国企业必

---

① 在并购交易中发起并购邀约的是母国中间品生产企业，为保持一致性，此处假设中间品销售的邀约也由母国发起。

须支付的、保证东道国企业在并购后履行其义务的成本。$a^p \in \{0, 1\}$ 表示东道国企业是否接受母国企业的并购要求。由于外部选择权等于零,因此,只要 $w \geq 0$,东道国企业便会接受并购要求,即 $a^p = 1$。对于母国企业而言,最优契约为:

$$w^{VI} = 0 \quad 并且 \quad q^{VI} = q^* \quad\quad (3-14)$$

其中,q^* 是最优的质量水平,唯一可以决定它的是:

$$c'(q^*) = 1 \quad\quad (3-15)$$

其中,c 是严格凸的性质决定了 q^* 的唯一性,稻田条件则保证存在次优解。因此,并购可以保证中间品质量最优。

并购后母国企业和东道国企业的利润分别为:

$$\pi_s^{VI} = q^* - c(q^*) - \eta(\gamma) \quad\quad (3-16)$$

$$\pi_p^{VI} = 0 \quad\quad (3-17)$$

结合式（3-14）,c 的严格凸意味着 $q^* - c(q^*) > 0$。$\pi_s^{VI} > 0$ 是否成立取决于跨国并购交易成本 $\eta(\gamma)$ 的大小。如果 $\pi_s^{VI} < 0$,均衡状态下跨国并购将永远不会发生。

三、无并购情形下母国企业的收益

首先,考虑子博弈中的合同被执行的情形。根据上述对事件的描述,母国中间品供给企业提出要约,东道国最终产品生产企业可以选择不接受这个报价,此时利润为零。这意味着合同（q_c,p_c）必须满足:

$$p_c = q_c \quad\quad (3-18)$$

如果 $p_c > q_c$,东道国企业会拒绝母国企业的要约;如果 $p_c < q_c$,对于给定质量为 q_c 的中间品母国企业可以提高价格并赚取更多的利润。此外,由于 $c(\cdot)$ 满足稻田条件,对于母国企业来说,当 $p_c = q_c$ 时销售合同是有利可图的[①]。鉴于合同是正在执行中,母国企业确实会选择提供质量为 $q = q_c$ 的中间品并接受价格 p_c[②]。因此,在执行合同的子博弈中,必然存在 $p_c = q_c$,产品质

---

① 特别是当对于任意小的 q_c,$q_c - c(q_c)$ 都严格为正时。

② 如果签订销售合同后,母国企业供给的中间品质量低于 q_c,得到的支付则为零。特别是,供给任何 $q < q_c$ 的中间品都必然降低母国企业的收益,因为,它将无法得到支付 p_c。而且,在合同被执行的情形下,中间品以售出无法收回。

量为 q_c。此时，东道国最终产品生产企业的利润为零，母国企业的利润为 $q_c - c(q_c)$。

现在考虑合同未被执行，母国企业会选择生产某一质量水平 q 的中间品。纳什议价现在是不对称的，权重为 β 和 $1-\beta$，没有外部选择，其中 $\beta \in (0,1)$。在这种情况下母国企业供应商和东道国生产商将同意按以下的价格交易质量为 q 的中间品：

$$p = \beta q \qquad (3-19)$$

因此，知道合同无法执行时，母国供应商最大化其收益的方式如下：

$$\beta q - c(q) \qquad (3-20)$$

式（3-20）具有由 $\hat{q}_\beta > 0$ 给出的唯一解，使得下式成立：

$$c'(\hat{q}_\beta) = \beta \qquad (3-21)$$

解的唯一性同样源于 c 的严格凸的性质，稻田条件保证了 $\hat{q}_\beta > 0$ 为次优解。此外，$c(\cdot)$ 的严格凸确保 $\hat{q}_\beta$ 随 β 上升，只要 $\beta < 1$ 就会有：

$$\hat{q}_\beta < q^* \qquad (3-22)$$

所以，当合同没有得到执行时，存在对中间品质量的投资不足[①]。

在知道合约是否会得到执行之前，两家公司的预期收益是：

$$\pi_s^{NI}(q_c) = \gamma[q_c - c(q_c)] + (1-\gamma)[\beta\hat{q}_\beta - c(\hat{q}_\beta)] \qquad (3-23)$$

$$\pi_p^{NI}(q_c) = (1-\gamma)(1-\beta)\hat{q}_\beta \qquad (3-24)$$

上述利润公式反映了合同得到执行时，$p_c = q_c$，东道国最终产品生产企业的利润为零，母国中间品供给企业利润为 $q_c - c(q_c)$ （实现的概率为 γ）。同时反映了当合同没有得到执行时（概率 $1-\gamma$），母国企业的最优投资 $\hat{q}_\beta$ 以及利润。

q_c 是母国供应商可以控制的唯一变量。将利润 π_s^{NI} 最大化意味着合同规定的质量 q_c 必须等于式（3-14）给出的有效质量 q^*，即：

$$p_c = q_c = q^* \qquad (3-25)$$

因此，事前收益可以写成：

$$\pi_s^{NI} = \gamma[q^* - c(q^*)] + (1-\gamma)[\beta\hat{q}_\beta - c(\hat{q}_\beta)] > 0 \qquad (3-26)$$

$$\pi_p^{NI} = (1-\gamma)(1-\beta)\hat{q}_\beta > 0 \qquad (3-27)$$

---

① 由于 β 代表了母国中间品供应商的议价能力，低 β 意味着对中间品质量的投入下降。

同样地，由于 $c(\cdot)$ 为凸，且 $\hat{q}_\beta > 0$，上述两个公式都是严格为正。跨国并购得到的社会福利为：

$$\Delta\pi^{VI} = (\pi_s^{VI} + \pi_p^{VI}) - (\pi_s^{NI} + \pi_p^{NI})$$

$$= (1-\gamma)\{(q^* - \hat{q}_\beta) - [c(q^*) - c(\hat{q}_\beta)]\} - \eta(\gamma) \qquad (3-28)$$

这意味着如果跨国并购的交易成本 $\eta(\gamma)$ 不是很大，并购总比不并购带来更大的盈余。

四、融资约束下的跨国并购决策

现在考虑企业跨国并购的决策。母国中间品生产企业和东道国最终品生产企业均为独立运营的企业。在阶段 1 之前，母国企业提出支付金额 t 以购买东道国企业的要约。如果东道国企业接受这个报价，它将得到金额 t，并购交易发生。如果东道国企业拒绝该要约，则企业所有权不会发生转移，母国企业进行无并购交易情形下的博弈。

影响并购交易的唯一其他因素是母国企业受到的融资约束。因此，母国企业为完成并购交易实际需要花费的成本是并购金额的 $(1+\delta)$ 倍，其中 $\delta \geqslant 0$ 是衡量垂直一体化决定做出时信贷市场摩擦对母国企业信贷成本的影响[①]。

在博弈的这个阶段双方的收益分别为：

$$\prod_s (A_p, t) = (1 - A_p)\pi_s^{NI} + A_p[\pi_s^{VI} - (1+\delta)t] \qquad (3-29)$$

$$\prod_p (A_p, t) = (1 - A_p)\pi_p^{NI} + A_p(\pi_p^{VI} + t) \qquad (3-30)$$

此处使用大写字母来表示并购之后的收益，$A_p \in \{0, 1\}$ 表示东道国企业是否接受母国企业跨国并购要约，t 表示母国企业的报价（$t=0$ 意味着供应商"没有并购要约"，因为，$\pi_p^{NI} > 0$ 时并购要约势必被东道国企业拒绝）。

只有满足下列条件时，东道国企业才会接受这个并购要约（$A_p = 1$）：

$$\pi_p^{VI} + t \geqslant \pi_p^{NI} \qquad (3-31)$$

上边的表达式只有在满足以下条件时才能实现：

$$t \geqslant \hat{t} \equiv (1-\gamma)(1-\beta)\hat{q}_\beta \qquad (3-32)$$

---

① 此处并没有特别设定母国企业是在母国还是东道国融资，因为无论企业在何处融资，都不影响信贷市场摩擦造成融资成本上升、降低并购概率的基本结论。

因此，母国企业如果想要实现跨国并购，就需要给出金额为 $\hat{i}$ 的并购价格。跨国并购对母国企业是否有利可图，取决于下述条件：

$$\pi_s^{VI} - (1+\delta)\hat{i} \geqslant \pi_s^{NI} \qquad (3-33)$$

上式与下式相等：

$$q^* - c(q^*) - \eta(\gamma) - (1+\delta)(1-\gamma)(1-\beta)\hat{q}_\beta \geqslant \gamma(q^* - c(q^*))$$
$$+ (1-\gamma)\beta\hat{q}_\beta - c(\hat{q}_\beta) \qquad (3-34)$$

对式（3-34）进行整理，如果满足下式，可以得到均衡状态下的跨国并购条件：

$$(1-\gamma)(\{q^* - c(q^*) - [\hat{q}_\beta - c(\hat{q}_\beta)]\}) - \delta(1-\gamma)(1-\beta)\hat{q}_\beta - \eta(\gamma) \geqslant 0$$
$$(3-35)$$

这个条件表明，跨国并购的效率利得 $(1-\gamma)\{[q^* - c(q^*)] - [\hat{q}_\beta - c(\hat{q}_\beta)]\}$ 比成本之和更大时，并购交易才可能发生。这里的成本包括由于信用市场缺陷造成的成本 $\delta(1-\gamma)(1-\beta)\hat{q}_\beta$，和组织成本 $\eta(\gamma)$。如果 $\delta=0$ 和 $\eta(\gamma)=0$，即信贷市场是完全的，同时不存在交易成本，那么必然会有跨国并购发生。上一节的分析表明，垂直一体化可以使中间投入品的质量保持在一个合适的水平，而不整合会导致母国企业对中间品质量的投资不足。但是，资本市场不完全和交易成本会使并购概率下降。

五、研究假设

由于资本市场上存在信息不对称，当金融体系发展滞后对债权人保护不足时，债权人就会面临较高的信用违约风险。出于对风险的厌恶和规避，投资人不但会进行信贷配给，还会要求获得较高的风险溢价。因此，在金融发展水平较低的东道国资本的可获得性降低，使用成本上升，跨境并购的概率下降①。随着金融发展水平的提高，融资环境得到改善，融资难度降低，跨国企业便有更多的机会从东道国当地融资，利用内部资本市场和外部资本市场来最小化投资成本，从而提高投资概率、扩大投资规模（Buch et al.，

---

① 理论模型中并未特别设定融资成本的 δ，源于东道国资本市场不完全还是母国资本市场不完全，这并不影响对问题的讨论，因为对并购交易的影响结果是一致的。但是，单就东道国资本市场而言，不同的国家间 δ 是不同的，对并购交易的影响也会存在差异。

2014；Bilir et al.，2017），这便是金融发展产生的融资效应。反之，如果东道国的外部融资相对有限和昂贵，即使跨国公司子公司可以通过内部资本市场获得融资（Desai et al.，2004），其在东道国当地的扩张以及跨国企业内部的资源调整能力都会受到限制（Feinberg & Philips，2004；Desai et al.，2006；Bilir et al.，2017）。以美国为例的研究发现，在私人部门信贷水平较低和对债权人权力保护水平较低的国家，美国跨国企业子公司较少使用外部负债，同时母公司融资在子公司资产中的比例更高，母公司持有的子公司的股权比例也更高。尽管如此，母公司对海外子公司的支持并不能完全弥补子公司在资金上的不足（Desai et al.，2004；Antràs et al.，2009）。据德赛等（Desai et al.，2004，2006）估计，由于东道国的信贷市场发展滞后，美国海外子公司从母公司获得的融资只能弥补大约1/4的外部融资需求缺口，子公司规模比在金融发展水平较高的国家低13%～16%。德博尔德和魏（Desbordes & Wei，2017）的研究指出，东道国金融深化对不同类型的对外直接投资活动均具有显著的促进作用。比尔等（Bilir et al.，2017）则发现，东道国金融发展水平提升可以增加美国子公司的总销售。

然而东道国金融发展带来的融资便利会同时惠及当地企业，增加当地企业进入市场的概率，从而对跨国企业在当地的投资产生挤出作用，这便是金融发展的竞争效应。东道国当地企业的进入在缩小跨国企业进入东道国的市场空间同时，也可以促进当地市场的发育和完善，为跨国企业在当地的经营活动提供便利。德博尔德和魏（Desbordes & Wei，2017）采用多国对外直接投资数据的实证分析表明，东道国金融发展的这种间接的正向效应确实存在。因此，东道国金融发展对对外直接投资的净效应取决于融资效应与竞争效应的对比。从已有文献的研究结果来看，东道国金融发展的提高对进入的对外直接投资概率、投资资金规模和子公司的销售规模的影响通常为正向（Bilir et al.，2017；Desbordes & Wei，2017），而且在外部融资依赖较高的行业中这种正向效应更加显著，证明了东道国金融发展产生的融资效应是影响跨国企业投资活动的主要渠道。

假设3.3：东道国金融发展产生融资效应，促进跨国并购活动。

金融发展对投资活动的影响会因东道国经济发展水平而改变。发达国家的金融发展水平和财富水平均较高，经济主体更容易成为企业家，在外部融资依赖度高的行业中也更具有竞争优势（Wynne，2005）。由于金融发展水平高、制度完善、市场竞争充分，企业更容易从小规模、个体所有制演化成长为大规模、股份制的现代企业。与当地企业相比，中国企业并无太多传统国际投资理论所强调的竞争优势，不会过多地分享当地的金融资源。另外，由于发达国家的金融发展水平已经较高，金融资源的整体可获得性较高。因此，在发达国家中国企业既面临强有力的竞争，同时良好的融资环境也提供了在当地融资的可能性。但是，2008年全球金融危机使得发达国家金融市场受到巨大冲击，金融体系的流动性风险也增加了企业的融资，同时为中国企业海外并购创造了契机。

在经济发展水平较低的国家情形有所不同，通常发展中国家自身便存在资金缺口，能够供给的资本较少，使得资本的可获得性较低。而且，由于金融摩擦和信贷配给会限制经济个体成为企业家，融资条件改善将带来大量当地企业进入市场，使得金融发展的竞争效应非常明显。但是，相比当地企业中国企业会具有传统对外直接投资理论所强调的竞争优势，因此更容易获得当地投资者的青睐，从当地金融发展中受益。东道国经济发展水平相对中国越低，中国企业竞争当地金融资源的能力越强。

因此，在不同经济发展水平的东道国中，金融发展对中国企业对外直接投资是否具有融资效应，以及总效应是否为正必须通过实证分析来验证。对于金融发展在不同国家间的影响差异，本书将假设3.3进一步拆分为两个待检验的子假设：

假设3.3a：在经济发展水平较高的东道国，金融发展对中国企业对外直接投资没有显著的促进作用和融资效应。

假设3.3b：在经济发展水平较低的东道国，金融发展对中国企业对外直接投资具有显著的促进作用和融资效应。

第三节　东道国资本管制影响企业对外
直接投资的机理分析

一、基本假设

在东道国资本管制的背景下，通过选择国外具有竞争力的投资项目、融资策略并考虑是否要成为跨国企业，从而最大化每个期间的股权收益。本节的机制分析引入东道国的资本管制和企业的跨境决策，验证东道国的资本管制如何抑制了母国企业跨国并购的发生概率及强度。

将世界各国分为两个部分，且在各个国家拥有不同税收制度，其中国家1为跨国企业母国，国家2为跨国企业进行对外直接投资的东道国。国家1的税收水平和要素价格分别为τ_c^1和c_{k1}，国家2的税收水平和要素价格分别为τ_c^2和c_{k2}。通过资本管制国家2可以改变跨国企业在国家2投资的预期收益，或者改变收益的分配方式，从而影响跨国企业投资决策。国家1的企业按照期望利润最大化的原则来配置自身的要素，包括资本、现金流和生产率，决定是否在国家2进行跨国投资。

二、跨国企业的要素配置

假设在S国（$S=1$，2）经营的企业在t时期其拥有的资本为k_t，具有规模报酬递减的柯布 – 道格拉斯生产函数为：

$$y_t^s(k_t, h_t, s_t, \varepsilon_t) = e^{z_t^s} k_t^{\alpha_k}, s_t = 1, 2 \tag{3-36}$$

其中，α_k是资本的产出弹性（$0 < \alpha_k < 1$），控制利润函数的曲率。规模报酬递减意味着随着企业规模的增长，盈利能力下降。产出水平y_t^s是z_t^s的函数，z_t^s指的是企业在时期t的总体盈利能力，盈利能力受两个组成部分的影响：E_t和h_t，其中E_t对应于t时期国家S的需求或东道国资本管制的变化，h_t表示企业生产率水平。企业的盈利能力会受到外生因素E_t的冲击，但是企业可以投资于无形资产来提高自身的生产率（h_t）来提高盈利能力。简单起见，假设商品在不同的国家间具有完全替代性，价格是相同的。根据敖等（Aw et al.，2011），z_t在时间上遵循马尔可夫过程：

$$z_t = E_t + h_t = \rho E_{t-1} + \rho h_{t-1} + dx(w_{t-1}) + \varepsilon_t,$$

其中，$\qquad \varepsilon_t \sim N(0, \Sigma), \Sigma = \begin{pmatrix} \sigma^2 & \gamma\sigma^2 \\ \gamma\sigma^2 & \sigma^2 \end{pmatrix} \tag{3-37}$

并且，$\qquad E_t = \rho^t \varepsilon_0 + \rho^{t-1}\varepsilon_1 + \cdots + \rho\varepsilon_{t-1} + \varepsilon_t,$

$$h_t = \rho^{t-1}dx(w_0) + \rho^{t-2}dx(w_1) + \cdots + \rho^1 dx(w_{t-2}) + dx(w_{t-1})$$

在式（3-37）中，w_t表示公司的无形资产投资，$x_t = x(w_t)$表示无形资产投资的产出。假设无形资产产出对生产率的影响以及外生的利润冲击具有持续性，持续时间长短由 ρ 反映。t 时期企业的无形资产累计总水平为 h_t，累积利润冲击为 E_t。无形资产投资的成本为 $C(w_t) = cw_t$，其中 c 是无形资产投资的单位成本，等于有形资本投资的单位成本。假设在不同的国家间不存在技术溢出效应，从而生产率水平是企业特有的，只能通过无形资产投资获得，或者通过外国直接投资在各国间进行流动。

公司的盈利能力受到产品市场需求或东道国资本管制的随机性影响。假设这种随机冲击 ε_t^s 在时间维度上、企业间以及国家间为独立同分布（i.i.d.），服从零均值和方差 σ^2 的正态分布。式（3 – 37）中反映了无形资产投资的产出与经济收益之间的关系，经济收益则表现在企业未来拥有更高的生产率。但是无形资产投资通过生产率所带来的收益会受到产品市场其他因素的干扰。无形资产投资的产出函数如下：

$$x_t = \begin{cases} rd, & \text{概率为 } \dfrac{rd_t}{\theta + rd_t} \\ 0, & \text{概率为 } \dfrac{\theta}{\theta + rd_t} \end{cases} \tag{3 – 38}$$

其中，$rd_t = w_t/k_t$，θ 表示无形资产投资产出的不确定性。由于产品市场上会存在各种扰动因素，无形资产投资产出并不保证企业利润率会提高。

企业资本存量受经济运行法则的约束：

$$k_{t+1} = (1 - \delta)k_t + I_t \tag{3 – 39}$$

其中，I_t 表示 t 期的总投资，δ 是资本的折旧率。公司以价格 c_k 购买或出售投入要素，并引发资本存量调整成本：

$$c_k^s = \begin{cases} 1, & \text{如果 } s = 1 \\ c_{k2}, & \text{如果 } s = 2 \end{cases}$$

$$\psi(I_t, k_t) = \frac{a}{2}\left(\frac{I_t}{k_t}\right)^2 k_t \tag{3 – 40}$$

根据赫尔普曼（Helpman，1984）的相关研究，跨国公司通过将经营活动转移到其他国家，以充分利用他国要素价格相对较低的优势，即 $c_{k2} < 1$。参数 α 为控制投资平稳度的正常数，会影响企业对现金的预防性需求。

因此，t 期跨国企业国内母公司的利润为：

$$\prod(k_t, h_t, s_t, \varepsilon_t) = e^{Z_t^s} k_t^{\alpha_k}, \quad s_t = 1 \tag{3 – 41}$$

三、融资约束下企业资本的跨国配置

国家 1 企业可以通过在国家 2 中进行跨国并购成为跨国企业。$s_t = 3$ 表示企业选择在 t 期间作为跨国公司经营。$m_t = 1$，2 分别指母公司及其外国子公司。当企业选择跨境经营时，母公司及其外国子公司的盈利能力为：

$$Z_t^m = \begin{cases} E_t^1 + h_t^1, & m_t = 1 \\ E_t^2 + bh_t^1, & m_t = 2 \end{cases} \tag{3-42}$$

其中，E_t^1 和 E_t^2 分别是指 t 期国家 1 和国家 2 的利润冲击。$b \in [0, 1]$ 反映了母公司的生产力转移到外国子公司的能力。b 的大小既可能受到东道国因素的影响，例如，人力资本、金融发展水平等的影响，也可能受到其自身因素的影响，例如，子公司在学习、模仿以及应用新生产率生产自身产品方面的吸收能力。b 越高，跨国公司通过跨国并购投资产生的回报越大。因此，跨国公司整体的利润和资本调整成本为：

$$\prod (k_t, h_t, s_t, \varepsilon_t) = e^{z_t^{m=1}} (k_t^1)^{\alpha_k} + e^{z_t^{m=2}} (k_t^2)^{\alpha_k}$$

$$\Psi_{s_t}(I_t, k_t) = \frac{a}{2} \left(\frac{I_t^1}{k_t^1}\right)^2 k_t^1 + \frac{a}{2} \left(\frac{I_t^2}{k_t^2}\right)^2 k_t^2, \ s_t = 3 \tag{3-43}$$

其中，k_t^1 和 k_t^2 分别是指跨国公司在国内外工厂持有的有形资本。I_t^1 和 I_t^2 分别指的是一家跨国公司在国内外工厂进行的实物投资。注意，从 $k_t = k_t^1 + k_t^2$ 的意义上讲，k_t^1 和 k_t^2 是相加的。跨国公司的资本调整成本是每个工厂的调整成本的总和。

令 $(K_t, P_t, h_t, s_t, \varepsilon_t)$ 表示在 t 时期在国家 S 经营的企业的状态，t 时期开始时企业有 K_t 单位资本（$K_t = [k_t^1, k_t^2]$）、P_t 单位现金（$P_t = [p_t^1, p_t^2]$）、生产率为 h_t，受到的利润冲击为 ε_t。公司每个时期对 $(K_{t+1}, P_{t+1}, w_t, s_{t+1})$ 进行最优选择。企业在国内外的工厂的融资缺口可以表示为：

$$FinancingGap_t^m = C(w_t^m) + c_k^m [k_{t+1}^m - k_t^m(1-\delta)] + \psi(k_t^m, k_{t+1}^m)$$
$$+ \gamma D - (1 - \tau_c^m) \prod (k_t^m, h_t^m, s_t, \varepsilon_t^m) - \delta k_t^m \tau_c^m$$
$$m = 1, 2 \tag{3-44}$$

其中，D 代表国家 1 的企业从国内经营转向跨国经营时，需要支付额外成本 D，即企业首次进入国家 2 的市场时支付的进入成本和固定成本。D 可以由企业成为跨国公司之前所拥有的资本支付，也可以在东道国进行融资支付，$\gamma \in (0, 1]$ 则表示使用母公司资本的概率①。国内外工厂的融资缺口可以通过减少持有的现金或者通过外部融资进行弥补。

国内外工厂的股东所能获得的利润可以表示为：

$$e^m(k_t, p_t, h_t, s_t, k_{t+1}, p_{t+1}, h_{t+1}, s_{t+1}, \varepsilon_t) = p_t^m \left[1 + r(1 - \tau_c^m) \right]$$
$$- p_{t+1}^m - FinancingGap_t^m$$
$$m = 1, 2 \tag{3-45}$$

其中，式（3-45）右边的前两项反映企业现金持有量的变化。可以看出当企业为 $t+1$ 期预留更多的现金时，股东的当期收益相应减少。另外，企业的融资缺口越大时，股东的当期收益越少。如果 t 时期国外工厂的收益 $e^2(\cdot)$ 为负数，则外国子公司通过内部资本市场从母公司获得资金。如果 t 时期 $e^2(\cdot)$ 为正，则跨国公司可以保留其在外国子公司的收益［即 $p_{t+1}^2 = e^2(\cdot)$］或将其汇回母公司。

四、东道国资本管制下跨国企业的资本配置

各国对于跨国企业资金转移具有不同的法律规定，有些国家则对此进行资本管制，因此跨国企业子公司利润的分配是一个复杂的问题。跨国企业出于利益最大化的动机将子公司的收益进行转移，利润在汇回母公司的过程中需遵守母国的税法，不可避免的产生利润汇回成本。另外，利润在流出东道国时由于资本管制而受到阻碍同样产生转移成本。假设跨国公司由国内股东所有，股息通过国内市场分配。

据此，不存在利润汇回时跨国公司母公司股东的现金流量如下：

$$e(k_t, p_t, h_t, s_t, k_{t+1}, p_{t+1}, h_{t+1}, s_{t+1}, \varepsilon_t) = \begin{cases} e^1(\cdot) + e^2 = (\cdot), \text{ if } e^2(\cdot) < 0 \\ e^1(\cdot), \text{ otherwise} \end{cases}$$
$$\tag{3-46}$$

其中，$e^1(\cdot)$ 和 $e^2(\cdot)$ 分别为跨国公司的国内和国外工厂的股东的现金流量。如果国外子公司的现金流量为负数，则外国子公司从母公司收到注资。

---

① 此处并不区分跨国企业子公司从母公司获得的融资是来自母公司的内部资金，还是母公司在母国金融市场上的融资，因为就扩大融资缺口而言，这两种融资渠道并无本质区别。

但是，如果国外的现金流量是正数，这些收入汇入母公司必然产生汇回费用。如果跨国公司选择汇回对外直接投资收益，国内外工厂的股东的现金流量如下：

$$e_{t,rep}^2(\,\cdot\,) = p_t^2 [\,1 + r(1 - \tau_c^2)\,] - FinancingGap_t^2$$

其中，$p_{t+1,rep}^2 = 0$。

$$e_{t,rep}^1(\,\cdot\,) = e_t^1(\,\cdot\,) + e_{t,rep}^2(\,\cdot\,) \times (1 - \tau_c^1 + \tau_c^2) \qquad (3-47)$$

其中，$e_{t,rep}^1(\,\cdot\,)$ 和 $e_{t,rep}^2(\,\cdot\,)$ 分别表示股息汇回后国内和国外工厂的股东的现金流量。p_t^2 和 $p_{t+1,rep}^2$ 分别是指在汇回前后外国工厂的现金持有量。股息汇回后，跨国公司将所有外国收入转移给母公司，使外国子公司无现金余额。汇回利润的使用取决于母公司的财务状况。在股息汇回的时期，如果母公司需要筹集外部资金用于国内投资，则使用汇回现金来减少潜在的外部融资成本。如果母公司向股东分红，则汇回的现金作为股利支付。汇回费用高昂，因为政府会拿走汇回金额中的 $(\tau_c^1 - \tau_c^2)$ 部分，留给母公司 $(1 - \tau_c^1 + \tau_c^2)$ 部分。

从式（3-47）可以看到利润汇回在增加跨国企业母公司现金流的同时，使得海外子公司在下一期的现金流量减少，海外子公司下一期的融资缺口只有通过母公司注资或者外部融资来弥补。在资本管制的条件下，跨国企业母公司进一步注资的意愿可能下降，资本管制带来的国内资本稀缺和利率上升会使得子公司的融资缺口难以弥补，进而不得不缩小下一期的生产经营活动。资本管制下跨国企业在母公司和子公司之间，以及子公司之间进行资本配置的成本上升，相当于向跨国企业子公司采用歧视性税率，减少子公司的盈利能力。式（3-47）反映了东道国税收水平的上升伴随着母公司现金流的增加，即子公司的收益被更多更频繁地汇回。这将进一步加剧子公司在下一期面临的融资不足。

以上为东道国资本管制对跨国并购影响机制的初步分析。

五、研究假设

资本管制首先会提高外部融资成本，进而影响对外直接投资。虽然防止外国资本大量流入可能导致的汇率升值、经济波动和本国竞争力下降是实施资本管制的重要理由，但是阻碍国际资本自由流动会带来国际金融市场分割，可能导致资本管制国的资本流入减少，资本成本上升。无论是在企业的筹建阶段，还是在之后的经营阶段，跨国企业子公司都可能从东道国融资。资本管制带来的利率上升会增加跨国企业的投资成本，对投资产生挤出效应。德赛等（Desai et al.，2006）对比了拥有相同母公司的美国海外子公司在东道国当地融资的成本差异后发现，在控制了其他可能影响当地利率水平的因素后，在存在资本管制的东道国美国子公司外部融资成本更高。资本管制带来的融资成本上升同样会被东道国本土企业所感知。福布斯（Forbes，2007）研究了 1991 ~ 1998 年智利实施的无息准备金（unremunerated reserve requirement，Encaje）政策对规模较小的上市企业的影响，研究发现在实施 Encaje 政策期间企业面临的融资约束程度受到企业规模的影响，规模较小的上市企业融资约束增强，随着企业规模扩大融资约束减弱，但是在 Encaje 政策实施之前和取消之后，企业融资约束程度与规模无显著关联。同样地，爱德华（Edwards，1999）也发现在 1996 ~ 1997 年间规模较小企业的年贷款成本超出29%，而大企业在国际资本市场上的借款成本只有 7% ~ 8%。阿尔法洛等（Alfaro et al.，2017）则重点研究了巴西对外国投资者的歧视性征税产生的影响，发现在该管制政策实施后市场利率显著上升。对外直接投资企业需要不断的依赖外部资本，企业不但会从母国金融市场融资，还会从东道国金融市场融资。实施资本管制使得东道国利率水平上升无疑会增加对外直接投资企业的融资难度，影响企业的投资决策。

此外资本管制会使得跨国企业在东道国的经营成本上升，或者难以灵活地、以较低成本在母公司与子公司，或者子公司之间进行资本配置，增加子公司收益向母国的汇回，减少子公司的资金来源，加大融资缺口。因此，得到待检假设：

假设 3.4：东道国资本管制会对对外直接投资产生负向效应。

上述的分析还表明，资本管制对企业投资活动的影响还可能与外部融资依赖度密切相关，更多依赖外部资金的企业受到资本管制的不利影响更大。小企业获得外部融资的途径有限，会更加依赖银行贷款。受到严格监管的银行很难规避资本管制的影响，导致银行贷款利率在资本管制收紧期间上升。小企业在银行融资困难的情况下虽然可以通过商业信用或者其他非正规渠道融资，但是这些渠道的融资成本较高，在资本管制收紧时会变得更高。不同的是，大型企业利用内部资本市场或其他资金来源的能力更强（Alfaro et al.，2017）。事实上，在智利实施资本管制期间，大企业在国际资本市场上融资的成本仅有小企业在国内融资成本的 1/4 左右（Edwards，1999）。福布斯（Forbes，2007）指出，资本管制很可能存在漏洞，寻找并利用这些漏洞虽然需要花费一定的成本，但是会带来大量低成本融资。因此，相比小企业，大企业有更多的融资途径，更可能获得低成本融资，从而规避资本管制的影响。外部融资依赖度较高行业内的企业对资本管制的反应与小企业的反应异曲同工。在外部融资依赖度较高行业中，大企业规避资本管制的能力同样会强于小企业。但是，行业的外部融资依赖度主要源于技术差异，在其他条件相同时，高外部融资依赖度行业内企业的投资活动对资本成本变化的敏感度会更高，更多地受到资本管制的不利影响。

假设 3.5：东道国资本管制对外部融资依赖度较高行业的对外直接投资的负向效应更强。

单纯地放松资本管制有时不足以吸引投资。投资人保护、会计制度、契约执行度等都会影响经济主体的融资决策和投资决策。在法律和制度体系落后的国家，资本市场和金融机构发展也会相对落后，在消除信息不对称、降低资本使用成本方面作用有限。金和伊藤（Chinn & Ito，2006）发现只有法律和制度水平发展到一个恰当的水平时，才能与金融开放一起促进资本市场发展。制度质量的影响还表现在，制度质量提高可以吸引银行业投资，提高一国的国际融资能力（Papaioannou，2009）。刘莉亚等（2013）对不同收入水平国家的研究发现，在低收入国家资本管制对资本流动，尤其是对外直接投资类净流入的波动性影响不显著。这表明东道国的经济发展水平可能影响通过放松资本管制促进国际投资的政策效果。在资本管制与经济增长的研究中同样发现，收入水平、政治体制、资本管制放松前的已有政策因素等都会影响资本管制放松的经济效应（Arteta et al.，2003）。因此，可以得到待检假设 3.6。

假设 3.6：在高制度质量和经济发展水平的国家，资本管制放松对对外直接投资的促进效应更显著。

第四章

数据与特征事实

第一节　数据与样本

本书使用的对外直接投资样本来自清科数据库提供的中国企业跨国并购数据，该数据能够更好地与本书研究的东道国金融发展问题相匹配。无论企业采用绿地投资还是跨国并购方式在东道国形成子公司，东道国金融发展都可以通过增加本国企业市场进入的方式产生竞争效应。虽然并购可以减少市场上的企业数量，但是更多东道国企业的进入会增加潜在的并购方，与跨国企业形成竞争，降低并购成功的概率。除区位优势外，企业进行并购还有其他动机，如获得被并购方企业资产、市场势力，形成协同效应等（Chapman，2003；Nocke & Yeaple，2007）。然而并购交易更容易受到时机因素的影响，在较短的时间内筹集并购所需的资金显得更加重要。跨国企业可以利用被并购方已经建立起来的关系网络在东道国融资，因此，并购交易对东道国的金融发展水平反应会更加敏感（Desbordes & Wei，2017）。如果企业以绿地方式首次进入东道国，由于尚未与该国金融机构建立关联，在当地融资的可能性和融资规模对东道国金融发展敏感度降低。

本书使用的另一企业数据库为 CSMAR 提供的 A 股上市企业数据库。使用上市企业的优势在于可以削弱企业在母国融资时的融资约束差异。本书关注的是东道国金融发展的影响，但是母国金融发展同样会对企业的投资决策产生重要影响（Klein et al.，2002；Desbordes & Wei，2017），不同企业之间由于规模、所有制性质、公司治理等因素也会存在融资差异。《中国工业企业数据库》虽然提供了非常详细的企业数据，但是这些企业在规模、经营绩效、关系网络等各个方面差异巨大，在实证检验中很难全面控制。企业上市需要满足一定的条件，使得不同的上市企业之间具有更多的相似之处，在融资约束方面的差异性也小于上市企业与非上市企业之间的差异。此外，本书使用的是 2008～2015 年上市企业的年报数据，数据的时效性很强，数据质量好，可以避免工业企业数据库中可能存在的统计错误。由于国泰安上市企业数据中企业所有权性质、行业等信息有相对较多的缺失，本书进一步使用了巨灵数据库进行补充。

首先，对并购数据库进行预处理，删除并购交易失败或者终止的样本，只保留交易状态为"已完成"的样本；剔除金融类和东道国不详的并购交易。其次，将并购数据库与上市企业数据库合并，在上市企业数据库中同样预先剔除金融类上市企业。不包含中国台湾、香港和澳门地区，以及英属维尔京群岛、百慕大群岛、开曼群岛、新加坡的情况下，从 2008～2015 年中国上市企业进行境外并购的国家一共 43 个。经过上述处理后样本中包含的东道国数量小于全部并购交易发生的东道国。尽管如此，在之后的分析中依然可以看到，多数的交易在经济较为发达的国家完成，因此，并购数据的整体结构特征并未改变。另外，经过处理后上市企业进行并购交易的东道国数量小于全部并购交易发生的东道国。尽管如此，在之后的分析中依然可以看到，多数的交易在经济较为发达的国家完成，因此，并购数据的整体结构特征并未改变。最后，东道国金融发展水平的数据来自世界银行的 WDI 和 Doing Business Index，描述东道国特征的其他数据来自 UNSD、CEPII 和 WB。

第二节　东道国金融发展的特征事实

一、金融发展指标概述

在现实的经济生活中，市场不完全带来资本流动障碍。金融市场、金融机构以及各类金融工具的诞生在消除信息不对称、降低交易成本、促进经济发展方面发挥了巨大的作用。从本质上讲，当一个经济体中金融工具、金融机构和金融市场可以发挥缓解经济活动中的信息不对称、节约交易成本、提高契约执行度的作用时都可以认为是金融发展的结果。但这只是对金融发展的一种较为狭义的、最基本的理解，奇哈克等（Čihák et al.，2012）认为在更广义的层面上，可以从以下五大功能的实现水平来定义金融发展：第一，对潜在投资信息的加工处理能力以及在此基础上的资本配置能力；第二，完成资本配置后对个人和企业的监督能力和发挥公司治理的能力；第三，实现贸易便利化、多样化和风险管理的能力；第四，动员和积累储蓄的能力；第五，便利商品、服务和金融工具交易的能力。在指标构建的操作过程中直接获取以上五大金融功能的相关数据是一大挑战，实证分析中的代理变量往往难以准确衡量理论分析中使用的金融发展概念。因此，奇哈克等（Čihák et al.，2012）从金融体系的特征出发，使用金融体系提供金融服务能力的角度构建了衡量金融发展的代理指标。在任何国家中金融发展都会表现出以下四个方面的特征，即金融深化程度、金融资源可获得性、金融效率水平、金融稳定程度。根据这四个特征，一国的金融体系在提供相关方面的服务时的能力越强则表明其金融发展水平越高。例如，金融深化本身并非金融体系的功能，但它衡量了金融体系服务经济发展的程度；金融资源可获得性并不衡量金融体系如何识别潜在的优质投资机会，而是反映金融机构和金融工具的使用广度；金融效率则反映信用活动的成本；金融稳定则衡量金融体系的风险管理能力。可以看到，这是对金融发展的一种极为宽泛的定义和衡量方法，其中金融稳定性常常被用作独立的指标进行考量。2007年金融危机之后，金融系统的重要性再一次为各国政府、学者和决策者所关注。贝克等（Beck et al.，2010）对原有金融发展指标进行了更新和扩充，类似地从金融规模、金融活动、金融效率以及金融稳定性四个方面进行了指标体系构建，并增加了金融全球化指标。

从实证分析的角度看，金融深化或者金融规模指标是使用最为广泛的金融发展指标。在世界各国金融发展和金融结构的研究中，历史学家、经济学家和政策决策者常将金融体系划分市场主导型（market-based）和银行主导型（bank-based）。在金融规模指标的构建中也常将银行等金融机构与金融市场分别构建指标，两类指标可以单独使用，也可进一步构成综合指标，或者用于金融结构指标的构建。

在衡量金融发展时是否需要考虑金融结构的变化，法律金融观（law & finance view）与金融服务观（financial service view）持有不同的看法。法律金融观认为法律体制是决定金融体系在促进创新和经济增长方面的效率的基本因素，新企业的产生和经济增长与金融结构无关。金融服务观认为金融结构的作用是次要的，金融体系服务经济发展的水平才是企业产生、行业扩展和经济发展的关键。早期关于金融结构与经济增长的研究主要集中在对德国、日本、美国和英国的讨论，前两者为典型的银行导向型金融结构，后两者为典型的市场导向型金融结构。这四个国家在 19 世纪都经历了长期经济增长，因此很难判断经济增长的结果与某种特定的金融结构密切相关。鉴于此，贝克等（Beck et al.，2010）采用多国样本进行了国家间的比较分析，研究结果证实了法律金融观和金融服务观的合理性。他们发现，在鉴别金融体系是否有效的分析中，金融结构并非一个有效的指标，它无法解释经济增长、产业绩效和企业的扩展。相反，金融发展以及法律环境的整体水平提高对经济增加有着至关重要的作用。因此，金融发展是否促进经济发展而言，重要的是整体金融规模的扩大，并能够提供有效的服务，而非金融市场规模所占比重的变化。鉴于此，本书实证分析中也侧重金融规模、金融效率等指标的构建和使用。

二、金融发展的测度

在金融发展指标中最常用的一类指标为金融规模指标。贝克等（Beck et al.，2010）更新的金融规模指标涉及银行、银行类金融机构、股权市场和私人债券市场，主要包括六个分项指标，银行等金融中介的流动负债占比、银行体系外通货占比、金融体系存款占比、私人部门信贷规模占比、股票市场资本化率、私人债券市场资本化率。除了私人债券市场资本化率，表4–1给出了其他五项的构建方式。

表4–1　　　　　　　　　　常用金融发展指标

指标名称	构建方式	指标特征
流动负债占比（liquid liabilities to GDP）	银行及其他金融中介的通货、活期存款与付息性负债之和占 GDP 的比重	金融体系的相对规模
银行体系外通货占比（currency outside banking system to base money）	不以银行存款形式持有的基础货币占比	经济的货币化程度
金融体系存款占比（financial systems deposits to GDP）	银行以及银行类金融机构中支票、存款及长期存款占 GDP 的比重	可贷资金的存量
私人部门信贷规模占比（private credit by deposit money banks & other financial institutions to GDP）	商业银行及其他金融机构向私人部门提供的信贷占 GDP 的比重	金融中介的信贷配置功能
股票市场资本化率（stock market capitalization to GDP）	上市股票价值占 GDP 的比重	股票市场的相对规模

奇哈克等（Cihák et al.，2012）从金融深化程度、金融资源可获得性、金融效率和金融稳定四个维度构建了金融机构和金融市场的发展指标，形成一个 4×2 的金融体系特征矩阵，见表4–2。奇哈克等（Cihák et al.，2012）所指的金融深化即指金融金融规模的扩张，就金融机构而言最主要的指标是商业银行的私人部门信贷规模占 GDP 的比重，就金融市场而言最主要的指标是股票交易额占 GDP 的比重，该指标不但可以反映金融市场规模，同时可以反映金融市场的活跃程度。金融发展规模相对比较直观，可以由金融机构和金融市场指标进行直接度量测度。金融资源可获得性、金融效率等的测度则比较复杂和困难。在信息技术和电子支付发展中，银行机构数量可能减少，通过银行分支机构的数量衡量金融资源可获得性时必然产生偏误。通过这些可观测、可统计的数据衡量金融资源的可得性时是基于这些基础设施提高资金供给的便

利性,但是不保证资金真实地流向了资金需求方。金融效率的衡量同样多采用间接指标,如净利息收益率。在银行等金融机构确实能够发挥识别投资机会、进行项目监督和公司治理职能时,净利息收益率可以反映金融机构对资金配置的有效性。但是银行等金融机构处于垄断地位时同样可以获得高的利息收益率,资金配置未必有效。这些指标存在的另一不足,是其所能覆盖的国家或者时间区间有限,常常存在较多的数据缺失。因此,这些间接指标在金融发展与经济增长的相关研究中使用的范围远不如金融深化和金融规模指标广泛。

表 4 - 2   4 × 2 金融体系矩阵

维度	金融机构	金融市场
金融深化	· 私人部门信贷/GDP · 金融机构资产/GDP · M2/GDP · 金融部门总增加值/GDP	· 股票市场资本化率 + 国内私人债券余额/GDP · 股票市场资本化率 · 股票交易额/GDP
金融资源可得性	· 每千名成年人拥有的商业银行账户 · 商业银行机构/每 10 万成年人 · 拥有银行账户的人口比例 · 所有企业中拥有银行信贷额度的比例 · 小企业中拥有银行信用额度的比例	· 不包含前十大企业的股票市值占全部股票市值的比例 · 不包含前十大企业的股票交易额占全部股票交易额的比例 · 到期政府债券 (3 个月期和 10 年期)
金融效率	· 净利息收益率 · 存贷利息差 · 非利息收入占总收入比重 · 盈利能力 (资产收益率、股本回报率)	· 股票市场换手率 · 股价同步性 · 价格冲击 · 流动性/交易成本
金融稳定	· Z-score · 资本充足率	· 股价波动率 · 主权债券指数

资料来源:奇哈克等 (Čihák et al., 2012)。

从更广义的角度看,金融稳定性和全球性也是属于金融发展的范畴。奇哈克等 (Čihák et al., 2012) 在金融稳定性指标中重点强调了 Z-score 及其优缺点。金融全球化指标反映一个金融体系与国际金融市场的联系程度,指标为反映金融活动的结果变量,如一国发行的国际债务规模、离岸储蓄相对国内储蓄的规模等。相比金融规模数据,构建这些指标的数据涵盖的范围相对较小。与金融稳定性和全球性相关的是一国资本管制的程度或者资本账户开放程度。资本账户管制的目的之一便是维护金融稳定，同时却降低了金融市场的国际化程度。金融规模的扩张和结构的优化通常被认为对经济增长具有促进作用，资本账户管制产生的影响更加复杂。资本管制取决于旨在减少系统性风险和外国资本流入波动的宏观审慎措施，同时还具有保护主义或者重商主义的动机，以维持较低的币值和出口竞争力（Pasricha，2017）。巴西政府正是在过多外国资本流入、巴西货币在 2004～2008 年期间升值50% 的背景下出台旨在控制资本流入的歧视性税收政策。资本管制的措施多种多样，可能会带来资本流入减少，提高资本管制国家的资本成本，增加企业融资难度，降低资本配置效率。因此，有必要将资本管制作为衡量金融发展的一个独立因素，研究其对对外直接投资的影响。

在确定本书所使用的金融发展指标时，除考虑数据的可得性和指标特征外，还需考虑指标的使用广度。采用较为广泛使用的指标的优点在于，便于将本书的研究结论与已有研究进行对比。本书梳理了国内外已有重要文献中使用过的指标及其构造方式，见表4－3。存款占 GDP 的比重的优点在于数据易得，缺点在于无法反映银行资产结构差异。股票市场资本化率反映了上市股权规模，属于存量指标，便于在不同国家间以及不同时间区间内的比较研究，但是无法像股票交易规模指标那样反映股票市场的活跃度。私人部门信贷占比上 GDP 是使用最为广泛的指标之一，其次是股票市场资本化率。这两个指标的特点之一是数据易得，特别是私人部门信贷数据所能涵盖的国家广泛，在实证分析中可以最大限度地保证观测值。私人部门信贷中不含有向政府等公共部门提供的信贷，因此在一定程度上也反映了一国金融体系在资金配置中的效率高低。这一点无论是在市场主导型还是银行主导型的金融体系中都是适用的。股票市场资本化率也是常用指标之一，由于各国金融体系结构存在较大差异，特别是在发展中国家资本市场发展相对落后，股票市场资本化率的数据可得性略差。虽然股票市场的发达程度通常与金融发展水平正相关，但是金融结构应当与经济发展水平相适应。与经济发展水平不相适宜的股票市场的过快发展并不意味着金融市场发展水平的提高。从已有研究的经验和本书研究的需求出发，金融发展指标选择私人部门信贷占 GDP 的比重，以及东道国金融法规质量，后者可以作为对私人部门信贷指标的补充，进行稳健性检验。

表 4 - 3   **已有研究使用金融发展指标**

指标	研究
M2/GDP + 股票市值/GDP	杨子晖和陈创练（2015）
私人部门信贷/GDP	陈雨露等（2016）；Antràs 等（2009）；Desbordes 和 Wei（2017）；King 和 Levine（1993）；Wurgler（2000）；Kandilov 等（2017）；Aghion 等（2005）
存款（商业银行和存款类银行）/GDP	Rajan 和 Zingales（2003）
股票市场资本化率	Rajan 和 Zingales（2003）；di Giovanni（2005）；Bekaert 等（2007）；Kandilov 等（2017）
银行与非银行金融机构的流动负债/GDP	Aghion 等（2005）
银行总资产	Aghion 等（2005）
商业银行资产/商业银行与中央银行资产	Aghion 等（2005）
债券权利人（creditor rights）	Antràs 等（2009）；Desbordes 和 Wei（2017）

三、东道国金融发展的描述性统计

（一）私人部门信贷规模

东道国金融发展（FD）以东道国私人部门信贷规模（domestic credit to private sectors）来衡量，反映实际使用外部融资的规模，是在经济增长、国际贸易、金融研究中最常用的金融发展指标之一（Beck et al.，2009；Desbordes & Wei，2017）。具体计算方式如下：

$$私人部门信贷规模 = \ln\left(\frac{银行与其他金融机构的私人部门信贷}{GDP} \times 100\%\right)$$

表 4 - 4 给出了本书所用数据中涉及的东道国。另外，加拿大仅有 2008 年私人部门信贷规模数据，巴西数据完全缺失，未在表 4 - 4 中报告。

表4-4 东道国私人部门信贷规模描述性统计

东道国	均值	标准差	最小值	最大值	东道国	均值	标准差	最小值	最大值
阿根廷	2.625	0.094	2.511	2.756	哥伦比亚	3.814	0.114	3.630	3.963
澳大利亚	4.836	0.042	4.803	4.924	捷克	3.873	0.057	3.773	3.935
奥地利	4.544	0.048	4.466	4.595	德国	4.453	0.085	4.356	4.587
比利时	4.057	0.049	3.999	4.133	丹麦	5.216	0.057	5.139	5.305
玻利维亚	3.772	0.168	3.547	4.062	埃及	3.426	0.179	3.256	3.756
南非	4.985	0.029	4.939	5.016	西班牙	5.029	0.139	4.783	5.150
智利	5.096	0.047	5.011	5.151	爱沙尼亚	4.377	0.153	4.223	4.618
刚果（金）	3.814	0.114	3.630	3.963	芬兰	4.499	0.055	4.386	4.557
法国	4.558	0.015	4.526	4.572	加蓬	2.416	0.246	2.105	2.709
英国	5.114	0.150	4.897	5.279	加纳	2.819	0.121	2.711	3.018
印度尼西亚	3.458	0.150	3.279	3.665	印度	3.936	0.024	3.887	3.958
爱尔兰	4.704	0.375	3.996	5.130	以色列	4.214	0.024	4.187	4.255
意大利	4.503	0.042	4.430	4.551	日本	5.177	0.021	5.153	5.202
哈萨克斯坦	3.666	0.159	3.512	3.917	韩国	4.939	0.033	4.905	5.000
蒙古国	3.835	0.212	3.531	4.120	马来西亚	4.724	0.082	4.572	4.830
荷兰	4.748	0.021	4.716	4.776	挪威	4.846	0.042	4.788	4.930
新西兰	4.962	0.009	4.957	4.973	巴基斯坦	2.947	0.217	2.733	3.358
秘鲁	3.372	0.147	3.233	3.622	波兰	3.915	0.047	3.851	3.982
葡萄牙	4.980	0.102	4.787	5.074	俄罗斯	3.839	0.108	3.727	4.002
瑞典	4.845	0.035	4.775	4.885	泰国	4.858	0.139	4.661	5.019
土耳其	4.007	0.301	3.561	4.383	乌克兰	4.315	0.146	4.043	4.506
美国	5.234	0.033	5.181	5.271	越南	4.609	0.101	4.417	4.743

按照本书对东道国经济发展水平的划分，表4-4中使用粗体标识的东道国为按照世界银行2012年标准人均GDP属于高收入的国家。可以看到，在这些国家中除捷克和波兰的私人部门信贷规模的均值小于4，其他高收入国家的私人部门信贷规模均值均大于4。在非高收入国家中多数国家的私人部门信贷部门均值小于4，阿根廷、加纳和加蓬的均值甚至小于3。因此，平均来看，高收入国家的金融发展水平相对较高。从私人部门信贷的标准差分别看，在高收入国家标准差大多小于0.1（西班牙、爱沙尼亚、葡萄牙、英国和爱尔兰除外），而在非高收入国家中标准差的差异性加大，标准差大于0.1的国家也较多。这表明，2008～2015年以私人部门信贷规模来衡量，高收入国家的变化较小，非高收入国家则有相对明显的金融发展水平提升。从高收入国家内部比较来看，私人部门信贷规模的均值为4.695，标准差为0.405；从非高收入国家内部来

看，私人部门信贷规模的均值为 3.679，标准差为 0.807。因此，在高收入国家内部私人部门信贷规模的差异性较小，而在非高收入国家组国家间的差异性加大。无论是单个国家在时间维度上的对比，还是不同国家间在空间维度上的对比，高收入国家的金融发展的变异性较小，单纯从金融发展角度区分这些国家在吸引对外直接投资方面的差异性时很可能是不显著的。相反，在非高收入国家中时间维度和空间维度上的差异性都较大，有助于识别金融发展对投资活动的影响。

（二）东道国金融法规质量

以私人部门信贷规模作为金融发展测度指标存在的问题在于信贷规模的内生性。就单个企业的投资活动而言其所能产生的影响是有限的，但是从行业层面而言，特定行业投资活动的增加很可能带来该行业内信贷规模的扩大。对外直接投资企业在东道国的生产经营活动通过带动产业链上下游企业的投资活动也可能改变东道国整体的信贷规模。此外，金融机构有时是基于"追随战略"进行海外投资，为本国对外直接投资企业服务，这会直接改变东道国的信贷规模。在有本国金融机构的东道国，企业也可能更易于获得融资，投资活动发生的概率也更高。如此一来，金融发展可能吸引对外直接投资，对外直接投资也可能改变东道国的金融发展，两者互为因果、相互影响。对此本书借鉴德博尔德和魏（Desbordes & Wei，2017）的做法，使用东道国信贷法治水平指数（strength of legal rights index）和信贷信息化水平指数（depth of credit information index）的算术平均值构建金融发展的代理变量金融法规质量（LR_CII），数据来源于世界银行的 Doing Business Index。

$$金融法规质量 = \frac{信贷法治水平指数 + 信贷信息化水平指数}{2}$$

其中，信贷法治水平指数反映东道国抵押和破产法对借贷双方的保护程度，取值在 1~10 之间，取值越高表明东道国的信贷法治水平越高。信贷信息化水平指数反映影响信贷信息覆盖率、范围和可获得性等因素，取值在 0~6 之间，取值越高表明信息化程度越高。由于仅获得了这两个指标 2013~2016 年的数据，而且在大多数国家中这两个指标基本没有变化，据此本书使用 2013~2015 年的数据构造一个非时变的金融发展代理变量 LR_CII。LR_CII 主要反映东道国金融体系的法律法规质量，会对跨国企业的投资行为产生重要影响，但是跨国企业主要是通过调整自身的投资行为来适应东道国的金融法律法规，较难影响或者改变后者。因此，*LR_CII* 指标可以很好地控制可能存在的内生性问题，本书使用该指标进行稳健性检验。

表4-5给出了各国东道国的金融法规质量指标的取值。可以看到，虽然在高收入国家内金融法规质量有高有低，但是取值小于6的要少于非高收入国家（6.09为全部国家的均值），而且金融法规质量最低的国家也属于非高收入国家。在高收入国家中金融法规质量的均值达到6.535，在非高收入国家仅为5.567。因此，以金融法规质量作为金融发展水平的测度指标时，高收入国家依然具有高于非高收入国家的金融发展水平。相比私人部门信贷规模，金融法规质量的变异程度较高。因此，使用该指标时能更好地识别金融发展对对外直接投资活动的影响，同时避免内生性问题的困扰。

表4-5　　　　　　　东道国金融法规质量的描述性统计

东道国	平均值	东道国	平均值
阿根廷	5.0	哥伦比亚	8.2
澳大利亚	9.0	捷克	6.7
奥地利	6.0	德国	7.0
比利时	4.5	丹麦	7.0
玻利维亚	3.5	埃及	5.0
南非	5.0	西班牙	6.0
智利	6.2	爱沙尼亚	7.0
刚果	4.0	芬兰	6.5
法国	5.0	加蓬	4.0
英国	7.5	加纳	6.5
印度尼西亚	5.2	印度	6.5
爱尔兰	7.0	以色列	6.5
意大利	4.5	日本	5.0
哈萨克斯坦	5.2	韩国	6.5
蒙古国	5.7	马来西亚	7.0
荷兰	5.0	挪威	5.5
新西兰	9.8	巴基斯坦	3.0
秘鲁	8.0	波兰	7.5
葡萄牙	4.5	俄罗斯	5.8
瑞典	5.5	泰国	4.5
土耳其	4.8	乌克兰	7.5
美国	9.5	越南	6.7
巴西	4.5	加拿大	8.5

（三）资本管制

金和伊藤（Chinn & Ito，2008）设计了衡量各国资本管制程度的指标KAOPEN，本书所使用的是伊藤和金更新至2015年的KAOPEN指数。该指标是基于国际货币基金组（IMF）在《汇率安排与汇兑限制年报》中公布的跨境金融交易限制二值虚拟变量的基础上构建而成，具体包括：是否存在多重汇率（k_1）、是否存在经常账户管制（k_2）、是否存在资本账户管制（k_3）、是否要求上缴出口收入（k_4）。分项指标为0时表明不存在管制。对于分项指标k_3"是否存在资本账户管制"进一步处理为五年期均值，即：

$$k'_{3t} = \frac{k_{s,t} + k_{s,t-1} + k_{3,t-2} + k_{3,t-3} + k_{3,t-4}}{5}$$

KAOPEN指数是分项指标k_1、k_2、k'_3和k_4的第一主成分，取值越高表明资本管制的程度越弱。限制国际资本流动可以通过多种渠道实现，对经常账户、汇率的管制与干预，以及贸易政策调整等都可能影响资本流动。KAOPEN指标的优点就在于除资本账户管制以外，还包含了资本管制的其他方面，更加准确地衡量了资本管制的强度。

表4-6报告了中国企业并购交易发生的主要东道国2008～2015年KAOPEN指数描述性统计。可以看到，高收入国家的资本开放度普遍过于非高收入国家，而且在2008～2015年期间高收入国家中资本管制的程度变化极小，仅有个别国家，如韩国、波兰、澳大利亚资本管制较紧，并存在较大变化外，其他高收入国家的资本账户开放程度很高，且稳定。资本账户开放度高且政策稳定为跨国企业经营提供了良好的外部环境，会成为吸引对外直接投资的重要影响因素。

表4-6　　　　　　　　　　东道国资本开放度的描述性统计

东道国	平均值	标准差	最小值	最大值	东道国	平均值	标准差	最小值	最大值
阿根廷	-1.371	0.569	-1.904	-0.839	玻利维亚	0.212	0.301	0.018	0.793
澳大利亚	1.405	0.409	1.082	2.116	南非	-1.195	0	-1.195	-1.195
奥地利	2.374	0	2.374	2.374	智利	2.374	0	2.374	2.374
比利时	2.374	0	2.374	2.374	刚果	-1.195	0	-1.195	-1.195

续表

东道国	平均值	标准差	最小值	最大值	东道国	平均值	标准差	最小值	最大值
法国	2.374	0	2.374	2.374	埃及	0.58	1.594	−1.195	2.374
英国	2.374	0	2.374	2.374	西班牙	2.374	0	2.374	2.374
印度尼西亚	0.324	0.628	−0.13	1.082	爱沙尼亚	2.374	0	2.374	2.374
爱尔兰	2.374	0	2.374	2.374	芬兰	2.374	0	2.374	2.374
意大利	2.374	0	2.374	2.374	加蓬	−1.195	0	−1.195	−1.195
哈萨克斯坦	−1.195	0	−1.195	−1.195	加纳	−1.549	0.379	−1.904	−1.195
蒙古国	1.431	0.293	0.89	1.666	印度	−1.195	0	−1.195	−1.195
荷兰	2.374	0	2.374	2.374	以色列	2.374	0	2.374	2.374
新西兰	2.374	0	2.374	2.374	日本	2.374	0	2.374	2.374
秘鲁	2.374	0	2.374	2.374	韩国	0.839	0.409	0.128	1.162
葡萄牙	2.374	0	2.374	2.374	马来西亚	−0.511	0.831	−1.195	1.082
瑞典	2.374	0	2.374	2.374	挪威	2.374	0	2.374	2.374
土耳其	0.018	0	0.018	0.018	巴基斯坦	−1.195	0	−1.195	−1.195
美国	2.374	0	2.374	2.374	波兰	0.151	0.376	0.018	1.082
巴西	−0.102	0.497	−1.195	0.387	俄罗斯	0.677	0.506	−0.13	1.162
哥伦比亚	0.021	0.429	−0.13	1.082	泰国	−1.062	0.376	−1.195	−0.13
捷克	2.374	0	2.374	2.374	乌克兰	−1.815	0.251	−1.904	−1.195
德国	2.374	0	2.374	2.374	越南	−0.13	0	−0.13	−0.13
丹麦	2.374	0	2.374	2.374	加拿大	2.374	0	2.374	2.374

以上从私人部门信贷规模、金融法规质量和资本管制三个角度对东道国金融发展的测度结果表明，高收入东道国的金融发展水平普遍高于非高收入东道国。这不仅表现在高收入国家私人部门获得信贷规模占这些国家 GDP 的比重较高，这些国家的金融法规质量水平也更高，为投资活动提供有利的法律保障，在消除信息不对称造成的金融摩擦方面也更有优势，还表现在这些国家具有更为开放的金融市场，具有连贯而稳定的政策环境，为跨国企业在这些国家的投资和经营提供资金流通和融通的便利，可预期的稳定的经营环境减少了海外投资经营收益的不确定性。因此，通过以上三个指标呈现的分

布特征可以预期金融发展水平高的东道国更易促进中国企业对外直接投资。

第三节　对外直接投资二元边际的特征事实

一、二元边际概念概述

二元边际即扩展边际（extensive margin）和集约边际（intensive margin），该词源于新新贸易理论中对贸易流量的结构分析，在理解贸易模式、区分贸易增长机制、分析贸易影响因素和福利含义，以及评价贸易政策优劣中具有重要的意义（钱学锋，2008；邢孝兵，2008；钱学锋、熊平，2010；施炳展，2010；马涛、刘仕国，2010；曹亮等，2016）。在国际贸易领域二元边际的定义已经较为完善和全面，陈勇兵和陈宇媚（2011）将这些定义方法从三个层面进行了归纳，即产品层面、企业层面和国家层面。从产品层面看，扩展边际主要表现为出口产品的种类增加，集约边际则主要表现为现有出口产品的出口数量扩大（Chaney，2008；Amiti & Freund，2007）。贸易产品扩展边际的变化还能表现在旧产品新市场、新产品旧市场或者新产品新市场，集约边际变化也可能来源于出口价格变化带来的总规模变化。从企业层面看，扩展边际可以单指新企业的进入，也可以指旧企业服务新客户，或者旧企业增加新产品出口，集约边际相应地指旧企业扩大出口规模（Melitz，2003；Bernard et al.，2007）。从国家层面看，扩展边际表现为出口国建立与其他国家建立新的贸易伙伴关系，集约边际则表现在双边贸易规模的扩大（Felbermayr & Kohler，2006）。

二、对外直接投资二元边际界定

国外对对外直接投资的研究中，对二元边际的定义既有与国际贸易相似的方面，也有差异的一面。这些定义同样可以从企业层面、产业层面和国家层面进行归纳。

从企业层面看，扩展边际可以定义为企业是否对某一东道国进行对外直接投资，集约边际则定义为以销售额来衡量的跨国企业子公司在东道国经营的规模（Buch et al. , 2010, 2014）。比尔等（Bilir et al. , 2017）对企业层面对外直接投资的二元边际划分的更加细致。扩展边际采用了两种方式衡量：一是企业是否在某一东道国拥有至少一家子公司；二是企业在该东道国的子公司数量。在集约边际中进一步将企业的销售区分为在东道国当地的销售规模、返销母国规模和出口第三方市场规模。杨连星等（2016）则是从国家－行业对的角度划分二元边际①。

从产业层面的划分看，即将对外直接投资企业所属行业与东道国一一配对。德博尔德和魏（Desbordes & Wei, 2017）将对外直接投资母国某一行业在某一东道国有投资发生定义为扩展边际，或者采用该行业投资次数作为扩展边际，集约边际则定义为投资项目平均规模。从国家层面定义时则是采用一国对另一国年度内是否有投资发生，或者投资次数作为扩展边际，集约边际则采用年度投资总规模衡量（刘海云、聂飞，2015）。

以上对对外直接投资扩展边际的定义很大程度上受到数据特征的影响和制约。就中国企业对外直接投资而言，无论从数据时间区间还是从数据质量角度讲都还存在许多不足。相比美国等发达国家，中国企业对外直接投资的起步较晚，大规模对外直接投资也是在国家开始实施"走出去"战略后才兴起。而且对外直接投资数据库的建设也还很不完善，特别是对企业对外直接投资后在东道国的经营活动数据稀缺，很难达到比尔等（Bilir et al. , 2017）研究中所使用的数据水平。这使得在研究中国企业对外直接的二元边际中只能按照数据的可得性对二元边际进行界定，而无法满足理论模型中对二元边际的描述，特别是对集约边际的描述。

三、中国企业对外直接投资二元边际的描述性统计

本书在实证分析各章中根据研究需要分别界定了二元边际。为考察东道国金融发展对中国企业对外直接投资生产率门槛的影响以及这种影响在不同

---

① 他们将对外直接投资的集约边际定义为一年中企业对外直接投资国家－行业对的平均投资额，扩展边际定义为一年中企业对外直接投资中国家－行业对的数量。其他定义方式可参见博戈斯特兰和艾格（Bergstrand & Egger, 2007）、艾切尔（Eicher et al. , 2012）的研究。

东道国间的差异，第六章中同时使用企业层面和国家层面的二元边际定义方式。为检验东道国金融发展是否存在融资效应时则进一步定义了从产业层面划分的二元边际。本小节的主要内容则是根据不同的划分标准对中国企业对外直接投资的二元边际进行描述性统计。

就对外直接投资的扩展边际而言，从企业层面看，按照清科数据库所提供中国企业（包含非 A 股上市企业和非上市企业）并购数据，在去掉被并购方所属地为中国境内、英属维尔京群岛、百慕大群岛、开曼群岛、新加坡，以及被并购方所属地不详或者并购交易开始或者结束时间不详的交易后，从 2003 ~ 2015 年共有已完成并购交易 826 笔，其中包含了被并购方地区为中国香港、中国台湾，以及英属维尔京群岛、百慕大群岛、开曼群岛、新加坡等地的并购交易，同时包含被并购方地区不详或者并购交易开始或者结束时间不详的交易。在去除被并购方地区不详，为中国香港、中国台湾等后，有并购交易 698 笔。与上市企业数据匹配后，2008 ~ 2015 年期间成功匹配的并购交易共有 289 笔，其中包含了金融类在内的所有并购交易。最后，将金融类并购交易以及上市企业重要财务指标缺失的样本剔除后剩余交易量 276 笔。

从产业层面看，按照巨灵数据库提供的产业划分标准[①]，2008 ~ 2015 年间匹配成功的上市企业对外直接投资共涉及 64 个行业，投资东道国则涉及 46 个国家，其中不包含中国香港、中国台湾，以及英属维尔京群岛、开曼群岛、百慕大群岛、新加坡等地区[②]。以某一行业在东道国年度内是否有投资发生是扩展边际测度的方法之一，为简便起见，表 4 - 7 报告了 2008 ~ 2015 年中国上市企业并购交易所发生的行业及其东道国分布的整体状况[③]。从表 4 - 7 可以看到，中国上市企业跨境并购交易中涉及行业最广泛的为石油、天然气与消费用燃料，化学制品，金融与采矿，电气设备，机械制造，反映出中国对外直接投资中的能源寻求动机，以及在高端制造业和服务业方面所存在的劣势。

---

① 由于 CSMAR 数据库中企业行业数据存在相对较多的缺失，为尽可能减少样本损失，本书选择巨灵数据库提供的行业数据。

② 除这 64 个行业外，仍有少数样本的行业数据缺失，未包含在 64 个行业内。由于行业数据的缺失导致从行业层面看对外直接投资东道国家会产生一些变化，有的国家未出现在表 4 - 7 中。

③ 实证分析中则采用年度行业在东道国是否有投资发生。同样地，以投资次数作为行业对外直接投资扩展边际时，也是采用年度行业投资次数。

表 4 − 7　　2008～2015 年中国上市企业跨境并购交易行业与东道国分布

行业与行业代码	东道国
能源设备与服务 101010	加拿大（3）、美国（2）、英国（1）、哥伦比亚（1）、意大利（1）、哈萨克斯坦（1）
石油、天然气与消费用燃料 101020	阿根廷（1）、美国（3）、加拿大（7）、智利（1）、埃及（1）、法国（1）、英国（1）、哈萨克斯坦（1）、挪威（1）、葡萄牙（1）、俄罗斯（3）、澳大利亚（9）
化学制品 151010	澳大利亚（2）、加拿大（3）、德国（2）、印度（1）、以色列（1）、蒙古国（2）、马来西亚（1）、新西兰（2）、波兰（1）、泰国（1）、乌克兰（1）、美国（3）
建筑材料 151020	美国（1）
容器与包装 151030	美国（1）
金属与采矿 151040	澳大利亚（8）、加拿大（7）、智利（1）、刚果（金）（2）、法国（1）、英国（4）、韩国（1）、土耳其（1）、南非（1）
建筑产品 201020	澳大利亚（1）、俄罗斯（1）
建筑与工程 201030	澳大利亚（1）、加拿大（2）、德国（1）、印度（1）、美国（1）
电气设备 201040	奥地利（2）、捷克（1）、德国（3）、丹麦（1）、印度尼西亚（5）、意大利（2）、马来西亚（1）、新西兰（1）、美国（4）
工业集团企业 201050	澳大利亚（2）、哈萨克斯坦（1）
机械制造 201060	澳大利亚（1）、奥地利（2）、加拿大（1）、智利（1）、德国（13）、西班牙（1）、法国（1）、以色列（1）、意大利（8）、荷兰（2）、波兰（1）、瑞典（3）、美国（5）
贸易公司与经销商 201070	比利时（1）、巴西（2）、加拿大（1）、刚果（金）（1）、英国（1）、哈萨克斯坦（5）、挪威（1）、美国（4）
专业服务 202020	加拿大（1）、美国（3）
航空货运与物流 203010	美国（1）
航空公司 203020	澳大利亚（1）、西班牙（1）、法国（1）
海运 203030	土耳其（1）
交通基本设施 203050	比利时（1）、美国（1）
汽车零配件 251010	比利时（1）、加拿大（2）、德国（5）、法国（1）、英国（1）、波兰（1）、泰国（1）、美国（5）

行业与行业代码	东道国
汽车 251020	俄罗斯（1）、瑞典（1）
家庭耐用消费品 252010	澳大利亚（1）、智利（2）、德国（1）、埃及（1）、加蓬（6）、英国（1）、日本（2）、新西兰（1）、美国（3）
休闲设备与用品 252020	美国（1）
纺织品、服装与奢侈品 252030	智利（1）、丹麦（1）、日本（1）、韩国（1）、巴基斯坦（1）
酒店、餐馆与休闲 253010	法国（1）、美国（1）
综合消费者服务 253020	美国（3）
媒体 254010	日本（1）、韩国（1）、美国（1）
专营零售 255040	以色列（1）、日本（2）、美国（1）
饮料 302010	美国（2）
食品 302020	澳大利亚（1）、日本（1）、新西兰（1）、泰国（1）、美国（3）、越南（1）
生物科技 352010	澳大利亚（1）、意大利（1）
制药 352020	加拿大（3）、法国（2）、以色列（6）、荷兰（1）、美国（12）
生命科学工具和服务 352030	韩国（1）、美国（2）
房地产管理和开发 404030	加拿大（2）、英国（1）、加纳（1）、韩国（1）、美国（2）
互联网软件与服务 451010	日本（1）、美国（1）
信息科技服务 451020	美国（1）
软件 451030	奥地利（2）、芬兰（1）、英国（1）、以色列（2）、日本（1）、新西兰（1）、美国（2）
通信设备 452010	加拿大（1）、德国（2）、意大利（1）、美国（2）
电子设备、仪器和元件 452030	澳大利亚（1）、加拿大（1）、英国（1）、意大利（1）、日本（3）、泰国（1）、美国（2）、泰国（1）
半导体产品与半导体设备 453010	英国（1）、以色列（1）、意大利（1）、新西兰（1）、美国（4）
综合电信业务 501010	美国（1）
水公用事业 551040	美国（1）、瑞典（1）

从产业层面测度扩展边际的另一方法为该行业在东道国的年投资次数。方便起见，表4-7中东道国后的小括号内为2008~2015年间行业层面中国企业并购交易的总次数①。从中可以看到，这八年中几乎在所有行业中以美国为代表的发达国家始终是中国对外直接投资的主要目的地，这其中也不乏自然资源丰富的国家。

从国家层面看，本书以两种方式定义对外直接投资扩展边际：一是年度是否有中国企业在东道国进行投资；二是投资的总次数。集约边际则定义为年度投资总规模。为简便起见，表4-8报告了各东道国2008~2015年有投资发生年份的投资总规模的均值（取自然对数）②。从表4-8看，各个东道国的投资总金额大小不一，在不同年份间的变化较大。高收入国家的均值之间的差异也并不明显，在高收入国家投资总金额的均值为6.43，在非高收入东道国均值为5.82。

表4-8　　2008~2015年有投资发生年度的年度总投资规模描述性统计

东道国	观测值	平均值	标准差	最小值	最大值	东道国	观测值	平均值	标准差	最小值	最大值
阿根廷	2	8.94	1.00	8.24	9.64	意大利	5	6.13	1.27	4.44	7.36
澳大利亚	7	8.60	1.20	6.85	9.96	哈萨克斯坦	1	6.37	0.00	6.37	6.37
奥地利	2	5.77	1.38	4.79	6.74	蒙古国	1	2.73	0.00	2.73	2.73
比利时	3	7.57	2.28	5.40	9.94	越南	2	4.97	0.52	4.60	5.34
玻利维亚	1	5.88	0.00	5.88	5.88	新西兰	2	5.46	0.80	4.89	6.03
南非	1	8.52	0.00	8.52	8.52	葡萄牙	1	10.39	0.00	10.39	10.39
智利	2	6.15	6.70	1.41	10.89	瑞典	1	3.13	0.00	3.13	3.13
刚果（金）	2	7.03	1.22	6.17	7.89	土耳其	2	7.52	2.11	6.03	9.01
法国	4	4.53	2.51	1.90	7.73	美国	7	7.96	1.11	6.56	9.71
英国	4	7.89	2.81	5.46	11.47	哥伦比亚	1	1.81	0.00	1.81	1.81
印度尼西亚	1	5.05	0.00	5.05	5.05	捷克	1	5.89	0.00	5.89	5.89

① 描述性统计中不包含并购方区位为中国香港、中国台湾以及英属维尔京群岛、新加坡等避税地的样本。

② 个别投资活动的并购金额缺失导致表4-8中缺少个别东道国的投资金额数据。

续表

东道国	观测值	平均值	标准差	最小值	最大值	东道国	观测值	平均值	标准差	最小值	最大值
德国	4	6.90	1.56	5.45	9.12	日本	5	4.48	1.57	2.71	6.86
丹麦	2	2.95	0.63	2.50	3.40	韩国	2	5.53	0.32	5.30	5.75
埃及	1	9.85	0.00	9.85	9.85	马来西亚	4	3.96	0.64	3.47	4.84
西班牙	1	3.12	0.00	3.12	3.12	挪威	1	9.75	0.00	9.75	9.75
爱沙尼亚	1	6.22	0.00	6.22	6.22	巴基斯坦	1	5.14	0.00	5.14	5.14
芬兰	1	4.90	0.00	4.90	4.90	波兰	1	5.35	0.00	5.35	5.35
加蓬	1	5.48	0.00	5.48	5.48	俄罗斯	1	5.65	0.00	5.65	5.65
加纳	1	3.69	0.00	3.69	3.69	泰国	2	6.15	2.94	4.07	8.22
印度	1	5.01	0.00	5.01	5.01	加拿大	7	7.38	1.68	5.27	9.66
以色列	2	5.93	0.99	5.24	6.63	—	—	—	—	—	—

第四节　企业全要素生产率的特征事实分析

一、全要素生产率的测度

全要素生产率（TFP）是异质性企业国际化研究中重要的影响因素和指标（Yeaple，2005；Greenaway & Kneller，2007；易靖韬、傅佳沙，2011；毛其淋、盛斌，2013；李春顶，2015；包群，2015），也是本书研究的重要指标之一，特别是从企业层面研究东道国金融发展的过程中，全要素生产率既是重要的解释变量，同时也是本书检验金融发展影响对外直接投资渠道时的重要被解释变量。

全要素生产率常用的技术方法可以划分为两个大类（郭庆旺、贾俊雪，2005）。以新古典增长理论为基础，剔除掉经济增长中要素投入的贡献后得到的全要素生产率属于增长会计法（growth accounting approach），按照指数的构造方式可以进一步分为代数指数法和几何指数法。使用代数指数法时产出数量指数与要素投入的加权指数的比率构成全要素生产率，该方法实证分析应用性较差（Caves et al.，1982）。几何指数法又称索洛残差法或者生产函数法，最早由索洛（Solow，1957）提出。估算出总量生产函数后，从产出增长率中扣除投入要素增长率，得到的残差为全要素生产率，在规模收益不变和希克斯中性技术假设下，索洛残差代表了技术进步率。该方法的缺陷在于假设条件难以满足，并存在估计偏误（易纲等，2003）[①]。鉴于增长会计法存在的缺陷，后续研究借助经济计量模型和计量工具进行了更准确地全要素生产率估计方法研究。

在度量企业的全要素生产率时本书采用莱文索恩和佩特兰（Levinsohn & Petrin，2000）的半参数方法，以控制内生性和选择性偏误。由于没有获得上市企业的增加值数据，本书借鉴贾内蒂等（Giannetti et al.，2015）对中国A股上市企业全要素生产率的估计方法，使用企业销售额代替增加值作为产出变量。劳动投入数量借鉴石晓军和张顺明（2010）的做法采用支付工资代替，这样可以避免使用企业员工人数存在的弊端。使用企业员工人数作为劳动投入相当于假设不同类型的员工在相同时间内的劳动质量是相同的，不同企业的年平均劳动时间也是相同的。这两个假设都与现实不吻合。采用支付给员工的工资度量劳动投入能够很好地规避上述问题。职工的工资由财务报表中"支付给职工以及为职工支付的现金"和"应付职工薪酬和福利"两部分构成。资本投入使用企业固定资产作为度量指标，中间投入品采用材料以及其他投入品费用作为代理变量。除数据缺失的上市企业外，本书在全要素生产率估计过程中使用了包含没有投资记录的全部上市企业数据。

企业全要素生产率估计中一个重要的问题是内生性问题，虽然本书使用了LP法对此进行控制，但是无法排除企业从前的对外直接投资行为或者信贷约束等因素对全要素生产率的影响。为此，本书在估计过程中还使用了企业固定效应来控制所有的企业特征，减少内生性对估计结果的干扰。另外，本书进一步采用控制方程（control function approach，CFA）估计企业的全要素生产率（Petrin & Train，2005；Chen & Moore，2010）。

在计量模型估计过程中，可能存在无法观测到企业特征，或者模型设定中不可能包含所有因素而导致遗漏变量，他们与企业的全要素生产率相关，并且会影响企业的对外直接投资决策，如企业以往的对外直接投资活动。除采用企业固定效应对这些不可观测的因素进行控制外，还可以采用CFA方法

[①] 易纲等（2003）论述了索洛残差法估算中存在的理论缺陷。

分两步处理生产率的内生性问题。CFA 法由佩特兰和崔恩（Petrin & Train, 2005）发展而来，其核心思想是发掘内生性变量中无法观测到的信息，将这些信息构造成新的变量，并作为控制变量加入原模型，得到一个带有新残差项的新模型，从而使内生性变量与新模型中的残差性不相关。按照这一思路，具有内生性的企业生产率可以表示为下面的方程式：

$$TFP_i = zx_i + \nu_i \tag{4-1}$$

$$E(z'\nu_i) = 0$$

其中，x_i 为用于估计企业生产率的工具变量列向量。当 ν_i 与计量模型式（4-1）中的残差项 ε_{ijt}（简化为 ε_i）相关时，计量模型式（4-1）的估计结果会受到内生性的干扰，产生偏误。残差项 ε_i 与 ν_i 的关系为：

$$\varepsilon_i = \rho\nu_i + e \tag{4-2}$$

其中，$\rho = E(\nu_i\varepsilon_i)/E(\nu_i^2)$，$E(\nu_i e) = 0$，$E(z'e) = 0$。

$$OFDI_{ijt} = \alpha + \beta FD_{jt} + \Gamma X + \varphi_t + \varphi_k + \varphi_i + \varepsilon_{ijt} \tag{4-3}$$

将式（4-2）代入计量模型代入式（4-3）得到：

$$OFDI_{ijt} = \alpha + \beta FD_{jt} + \Gamma X + \varphi_t + \varphi_k + \varphi_i + \rho\nu_i + e \tag{4-4}$$

可以将式（4-4）中的残差项 ν_i 看作一个解释变量。e 与 TFP_i、ν_i，以及式（4-1）中的待估参数均不相关。因此，可以使用 OLS 回归得到式（4-4）中待估参数的一致估计。对于无法观测到的残差项 ν_i，可以通过变换式（4-1）得到它的一致估计，即

$$\hat{\nu}_i = TFP_i - zx_i \tag{4-5}$$

在第二阶段，用 $\hat{\nu}_i$ 替代式（4-4）中的 ν_i，得到式（4-4）的 CFA 估计量。

对于本书的研究而言，企业所处行业和地区的其他企业的全要素生产率是较为理想的工具变量。相同行业内的企业之间具有相似的生产函数，企业间的竞争关系会使他们关注彼此的生产经营动态，形成较强的技术溢出效应和模仿效应。在相同区域内的企业更容易彼此交流互动、互相影响。同时，一家企业的对外直接投资活动并不对其他企业的生产率产生直接影响。因此，既可以采用相同行业其他企业的平均生产率作为工具变量，也可以采用既在相同行业又在相同地区的其他企业的平均生产率作为工具变量（Chen & Moore, 2010）。中国上市企业数量目前还不是很多，如果按照相同行业并在相同地区进行划分，每组企业数目过少可能影响生产率估计的准确性。因此，

本书同时使用企业所在行业其他企业的平均生产率和所属地区其他企业的平均生产率的作为工具变量，估计方程式（4-1），然后根据式（4-5）获得残差项的估计值 $\hat{v}_i$，它代表了与企业生产率相关的不可观测的企业异质性，将其带入需要的估计的计量模型中得到最终的估计结果。

二、全要素生产率的描述性统计

将2008～2015年期间至少有一次对外直接投资活动的企业与无投资活动的企业进行对比，表4-9报告了两组企业的全要素生产率均值，两组均值的差异很小。但是在有投资活动的企业中最低生产率远远高于没有投资活动的企业，但是两组中都拥有生产率很高的企业。这表明对外直接投资确实存在一个最低的生产率门槛，东道国金融发展是否对这个最低门槛产生影响正是本书研究将会关注的问题之一。

表4-9 TFP 描述性统计

项目		观测值	均值	标准差	最小值	最大值
全样本	至少一次投资	1054	5.95	0.58	4.66	8.62
	无投资	16604	5.80	0.58	-1.73	8.32
至少一次投资子样本	国有企业	259	6.42	0.63	5.19	7.93
	非国有企业	795	5.80	0.47	4.66	8.62

进一步将2008～2015年至少有一次投资活动的企业按照企业所有权性质划分为国有企业和非国有企业后[1]，对比两类企业的生产率分布会发现，国有企业的平均全要素生产率高于非国有企业，国有企业中进行对外直接投资的最低生产率也高于非国有企业，但是最高生产率低于非国有企业。已有研究通常认为国有企业具有母国融资优势，在对外直接投资中，国有企业的高生产率是由东道国金融发展的影响造成还是由于其在母国融资条件较好促使

---

① 由于 CSMAR 上市企业数据库中企业所有权数据缺失相对较多，此处使用了巨灵数据库提供的企业性质数据。此外，在巨灵数据库中个别企业的所有权性质有两个标识，例如同时标识为（1，2），此时取前一标识作为划分依据。

整体生产率较高仍需进一步分析。

　　图4-1（a）为企业全要素生产率的核密度图。图4-1（a）对比了有投资活动的企业与无投资活动的企业，通过对比不难看出，有投资活动的企业，其生产率都处于较高位置，低生产率企业极少能够进入对外直接投资行列，但是部分高生产率企业不一定从事对外直接投资活动。因此，对外直接投资的影响因素众多，全要素生产率的高低是影响企业对外直接投资的重要因素之一。图4-1（b）为至少有一次对外直接投资活动的企业中，以国有企业和非国有企业的全要素生产率对比，从中可以清晰地看到国有企业相对于非国有企业的整体优势。

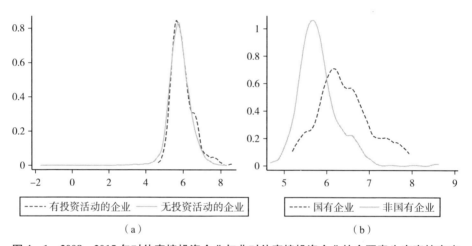

（a）　　　　　　　　　　　　　　　（b）

图4-1　2008~2015年对外直接投资企业与非对外直接投资企业的全要素生产率核密度

第五节　东道国金融发展与中国企业对外
直接投资的相关性分析

一、东道国金融发展和资本管制与二元边际的相关性分析

　　图4-2（a）和图4-2（b）为从国家层面定义二元边际时，东道国金融发展与中国企业对外直接投资二元边际的散点图，其中横轴为东道国金融发展水平代理变量私人部门信贷规模。图4-2（a）中纵轴为按东道国和年

度划分的投资总次数（绘图过程中做了取对数处理）。从图 4 - 2（a）中可见，中国上市企业每年在各个东道国的投资次数比较密集地分布于纵轴的下端，随着投资次数的增加，散点的分布不断地向横轴的右端延伸，说明东道国金融发展水平越高，中国企业投资的次数越多。初步验证了随着生产率门槛值的降低，更多的企业会进入金融发展水平更高的国家。图 4 - 2（b）的纵轴为按东道国和年度划分的投资总规模（取对数）。从散点图上看，并购金额较高的点多数分布在横轴的右端，拟合线则向右上方倾斜，表明企业投资的金额与东道国的金融发展水平同样正相关。

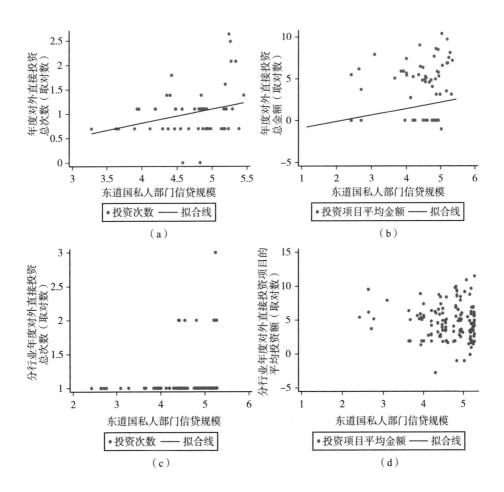

（a）

（b）

（c）

（d）

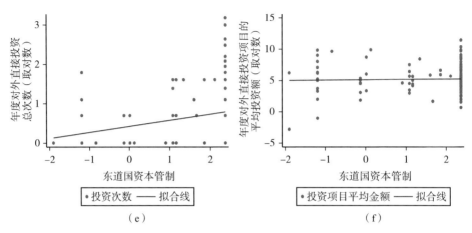

图 4 - 2   东道国金融发展与中国企业投资二元边际的关系

图 4 - 2（c）和图 4 - 2（d）为从行业层面定义二元边际时，东道国金融发展与中国企业对外直接投资二元边际的散点图，其中横轴为东道国金融发展水平的代理变量私人部门信贷规模。从图 4 - 2（c）中依然可以清晰地看到随着东道国金融发展水平的提高，中国企业对外直接投资的次数显著增加，而且投资次数较多的点都集中分布于横轴右端金融发展水平较高的区域内。在图 4 - 2（d）中，分行业年度投资项目的平均金额并没有显著的规律可循①。

同样从国家层面定义对外直接投资的二元边际，图 4 - 2（e）和图 4 - 2（f）的横轴为东道国资本管制程度，越往横轴右端资本管制越松。其中，图 4 - 2（e）为中国上市企业并购数量与东道国资本管制的散点图。整体上看，中国企业的投资活动较为集中地发生在资本管制程度较低的国家，而且那些接受中国对外直接投资最多的国家也是资本管制程度较低的国家。投资次数与东道国资本管制程度的拟合线向右上角倾斜，也意味着二者之间存在正相关的关系。图 4 - 2（f）为中国上市企业并购交易的平均金额与东道国资本管制的散点图。可以看出，在不同资本管制程度的国家，中国企业投资的平均金额均是有多有少。在资本管制较为放松的国家，平均投资金额并没有明显地高于资本管制较紧的国家，拟合线也很平坦，意味着东道国资本管制与投资规模之

①   在本书第六章的实证分析中，本书将东道国进一步按照经济发展水平进行了划分来更细致地分析金融发展的影响，以及东道国其他特征是否有改变金融发展的作用。

间不存在显著的关联。

二、东道国金融发展与企业全要素生产率的相关性分析

理论分析表明东道国金融发展水平上升会降低企业对外直接投资所需的生产率门槛值，从而使更多的企业可能进入东道国市场。作为对理论假设的初步验证，本书绘制了东道国金融发展水平与投资企业的全要素生产率的散点图，见图4-3，其中横轴为以私人部门信贷规模衡量的东道国金融发展水平。两副子图的共同之处在于，散点较多地分布于横轴的右端，即金融发展水平较高的东道国。首先，图4-3（a）的纵轴为对外直接投资企业的全要素生产率。从图中可以清晰地看到，越向横轴的右端，散点越向纵轴的下方聚集，拟合线也向右下方倾斜，说明在金融发展水平越高的国家，投资的企业更多，而且会有越多生产率较低的企业。图4-3（b）的纵轴为按东道国和年度划分的投资企业的最低生产率，散点较为密集地分布于图的右下方，拟合线也明显地向右下方倾斜。所有散点中表示最低生产率的点都分布于金融发展水平较高的国家。这说明企业进入的最低生产率水平随着东道国金融发展水平的上升呈下降的趋势。

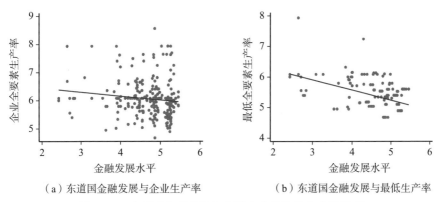

（a）东道国金融发展与企业生产率　　　　（b）东道国金融发展与最低生产率

图4-3　东道国金融发展与中国企业投资生产率的关系

| 第五章 |

东道国金融发展对中国企业对外直接投资二元边际与生产率门槛的影响研究

第一节　计量模型设定与变量选取

一、扩展边际的计量模型设定

根据已有的相关研究，本书使用了两种扩展边际定义方法：第一，将扩展边际定义为是否有对外直接投资发生（Buch et al. , 2014；Desbordes & Wei, 2017）；第二，定义为跨国企业母国在东道国投资项目数目（Desbordes & Wei, 2017）。采用第一种定义时被解释变量是二元选择变量，采用二值选择模型进行估计。采用第二种定义方法时被解释变量为投资次数，适合使用计数模型进行估计。本部分的核心问题是东道国金融发展是否在扩展边际（或者集约边际）上促进了中国企业对外直接投资，是否可以降低对外直接投资的生产率门槛，即考察东道国金融发展对投资活动的总效应。因此，对应扩展边际的第一种定义计量模型可以设定如下：

$$OFDI_{ijt} = \alpha + \beta FD_{jt} + \Gamma X + \varphi_t + \varphi_k + \varphi_i + \varepsilon_{ijt} \qquad (5-1)$$

其中，$OFDI_{ijt}$ 表示企业 i 在第 t 年是否在国家 j 有直接投资活动发生。当有对外直接投资发生时，$OFDI_{ijt} = 1$，反之取值为 0。FD 表示东道国 j 在 t 年的金融发展水平，如果系数 β 的估计结果为正向显著则说明东道国较高的金融发展水平可以在扩展边际上促进中国企业对外直接投资。企业的投资活动还会受到自身生产率水平、东道国营商环境等因素的影响，这些因素都包含在控制变量 X 中。φ_t、φ_k、φ_i 和 ε_{ijt} 分别为随时间变化的年份固定效应、行业固定效应、企业固定效应以及随机扰动项，行业固定效应和企业固定效应分别用于控制行业外部融资依赖度的差异和可能遗漏的影响企业融资和投资活动的因素。年份固定效应则用于控制宏观经济波动对企业投资活动的影响。

当扩展边际采用投资次数衡量时，计量模型设定如下：

$$OFDI_{jt} = \alpha + \beta FD_{jt} + \Gamma X + \varphi_j + \varphi_t + \varepsilon_{jt} \qquad (5-2)$$

其中，$OFDI_{jt}$ 表示 t 年中国在国家 j 的投资项目数，FD、φ_t 与 ε_{jt} 的含义与式（5-1）中相似，但是 X 只包含与东道国相关的控制变量。φ_j 为东道国国家固定效应，用以控制其他可能影响东道国金融发展水平或者企业投资活动的因素。类似地，在估计式（5-1）的过程中为防止遗漏变量对估计结果的影响，本书在稳健性检验中也增加了东道国国家固定效应。

二、集约边际的计量模型设定

估计集约边际的计量模型设定如下：

$$OFDI_{jt} = \alpha + \beta FD_{jt} + \varphi_t + \varphi_j + \varepsilon_{jt} \qquad (5-3)$$

其中，$OFDI_{jt}$ 表示中国企业每年在东道国直接投资的总规模，即投资的扩展边际。比尔等（Bilir et al.，2017）使用美国跨国企业海外子公司的销售数据检验了东道国金融发展对对外直接投资集约边际的影响，德博尔德和魏（Desbordes & Wei，2017）则使用了对外直接投资项目的平均规模作为集约边际的指标。结合他们的研究和本书的数据特征，本书使用中国每年在东道国投资的总金额作为投资的集约边际。其他符号的含义与式（5-2）相同。

本书使用的对外直接投资样本为中国企业跨国并购数据。在许多国家中国企业并无并购活动，或者虽有并购活动但是并购金额数据缺失。如果仅以可得数据构造集约边际可能产生样本选择偏误。因此，对于没有投资活动发生或者并购金额缺少的样本，集约边际取值设定为 0，由此所有东道国在所有年份的样本都进入式（5-3）的估计中，避免样本选择偏误对估计结果的影响。稳健起见，本书进一步使用 Heckman 两阶段方法进行了估计，得到稳健的估计结果。

三、生产率门槛的计量模型设定

上述将对外直接投资集约边际定义为投资总金额的做法只能考察东道国金融发展对投资总水平的影响，无法反映单个企业投资决策如何受到东道国金融发展水平的影响，以及影响的程度。理论分析表明，东道国金融发展水平提高可能改善企业在当地的融资环境，这种作用集中反映在投资所需生产率水平降低方面。因此，可以通过企业生产率的分别变化来衡量东道国金融发展水平对企业投资决策的影响，通过检验投资企业生产率水平随东道国金融发展水平的变化方向可以验证融资效应是否存在。据此设定以下的计量模型：

$$OFDI_{ijt} = \alpha + \beta FD_{jt} + \gamma FD_{jt} \times TFP_{it} + \Gamma X + \varphi_t + \varphi_k + \varphi_i + \varepsilon_{ijt} \qquad (5-4)$$

其中，TFP 为企业全要素生产率，其他符号的意义与式（5-1）中相同。如果系数 γ 为正，说明平均而言，东道国较高的金融发展水平降低了企业对外直接投资所需的生产率水平，金融发展产生的正向效应占主导。反之，如果系数 γ 为负，则表明东道国较高的金融发展水平产生的负向效应占主导。

四、变量选取与指标构建

企业层面的控制变量有企业年龄（Age）、所有制性质（Eq）以及企业所在地区的虚拟变量。企业年龄从企业上市年度算起，企业所有制性质按照 CSMAR 数据库中的统计为准。CSMAR 数据库中企业主要分为四类：国有企业、民营企业、外资企业和其他性质企业。当企业为国有时，Eq 取值为 1，其他情形则统一取值为 0。另外，有个别企业同时被归入两种类型所有制中，这些企业则统一按照排名第一的所有制性质确定 Eq 的取值。

国家层面的控制变量包括东道国市场潜力（MP）、人均 GDP（$GDPP$）、建立新企业所需的时间和费用（$Time$ 和 $Cost$）、政府治理水平（Gov）以及东道国关税水平（Tar）和双边距离（Dis）。在测度东道国市场潜力时既考虑了东道国本身市场的大小，还考虑了东道国潜在的出口潜力（Head & Mayer，2004；Blonigen et al.，2007；Chen & Moore，2010）。东道国 j 的市场潜力由其本国市场规模（用 GDP_j 衡量）加上其他国家市场规模的总和构成。其他国家的市场规模为 $(1/d_{jl})GDP_l$，其中，d_{jl} 为从第三国 l 到东道国 j 的弧形最大距离，距离数据来自 CEPII，GDP（2005 年为基期的美元 GDP）数据来自 UNSD。

东道国人均 GDP 用以控制东道国的工资成本（c_j）、人均实物和人力资本存量，并且有助于将金融发展对中国企业投资行为的影响从东道国整体经济发展的影响中分离出来（Bilir et al.，2017）。建立新企业所需的时间和费用、双边距离以及政府治理质量用以衡量在东道国开展商业活动的成本①，其中政府管理质量由 WGI 五个指标的平均值构成，数据分别来自世界银行的 WDI 和 WGI。建立新企业所需时间和费用反映了东道国当地企业的市场进入壁垒（Bilir et al.，2017），政府治理质量较低也会构成企业投资壁垒和成本，特别是政府的腐败程度对跨国企业投资决策、风险和成本具有重要的影响（胡兵、邓富华，2014），政府东道国关税水平衡量了在东道国开展贸易活动的成本，数据来源于 WTO 数据库。

第二节　实证结果与分析

一、描述性统计

表 5 - 1 给出了本章中所有解释变量的描述性统计。2008 ～ 2015 年，有中国上市企业进行并购活动的东道国的金融发展水平（FD）均值为 4.25，

---

① 金融市场发达的经济体中市场进入的壁垒通常也较低，低市场进入壁垒会使跨国企业在东道国面临更强的当地企业竞争，这种竞争并非来自金融发展带来的竞争效应。因此，有必要控制市场进入壁垒的高低（Bilir et al.，2017）。

标准差为0.80。当以金融法规质量（*LR_CII*）为金融发展指标时，均值为6.14，标准差为1.52，这表明各个东道国在金融规模上的差异要小于金融法律法规质量的差异。在各个国家间同样存在较大差异的各国的政府治理水平（*Gov*）、建立新企业花费的时间和成本（*Time* 和 *Cost*）以及关税水平（*Tar*）。

表5-1　　　　　　　　　　解释变量的描述性统计

变量	均值	标准差	最大值	最小值	变量	均值	标准差	最大值	最小值
FD	4.25	0.80	5.45	1.15	*Tar*	3.20	3.39	16.48	0
LR_CII	6.14	1.52	9.83	3	*Gov*	66.00	26.02	98.95	11.69
Age	5.90	4.36	24	0	*Dis*	8.83	0.68	9.86	6.84
Eq	0.25	0.43	1	0	*GDPP*	9.64	1.25	11.54	6.83
TFP	5.95	0.58	8.62	4.66	*Time*	19.92	22.46	158	0.5
MP	15.48	2.07	22.35	13.31	*Cost*	10.70	17.39	107.4	0

表5-2比较了各个解释变量的均值在不同东道国中的差异，并进一步将东道国划分为经济发展水平高于中国的东道国（用 *Eco* = 1 表示）和低于中国的东道国（用 *Eco* = 0 表示）。就本书最关心的金融发展而言，高经济发展水平且有投资发生的东道国的金融发展水平（*FD*）和金融法规质量（*LR_CII*）都要高于无投资发生的东道国。有投资发生但经济发展水低的东道国的金融发展水平既低于经济发展水平高的国家也低于无投资发生的国家，不过前者中投资企业的生产率水平高于后两者。同样地，在有投资发生的经济发展水平高的东道国，其政府治理水平更高，但是建立新企业所花费的时间和成本却最低，而在有投资发生的低经济发展水平国家正好相反，其政府治理水平还可能低于无投资发生的国家，新建企业的成本也高于后者。初步的数据对比表明中国企业更可能选择在金融发展水平高、营商环境好的国家投资，较高的生产率则使企业有能力在金融发展水平较低、营商环境差的国家投资。

表 5 - 2   解释变量均值的描述性统计

变量	有投资		无投资	变量	有投资		无投资
	Eco = 1	Eco = 0			Eco = 1	Eco = 0	
FD	4.68	3.79	4.14	Tar	1.65	7.19	3.58
LR_CII	6.76	5.18	5.98	Gov	83.02	36.14	62.09
Age	6.78	7.92	5.89	Dis	8.74	8.63	8.87
Eq	0.27	0.19	0.25	GDPP	10.54	8.63	9.44
TFP	6.05	6.17	5.95	Time	9.08	31.12	23.02
MP	15.44	16.83	15.43	Cost	4.18	23.64	12.32

表 5 - 3 为解释变量的相关系数矩阵①。可以看出，东道国的私人信贷水平与政府质量水平以及从事商业活动的经济成本和时间成本的相关系数较高，这是因为这些变量反映东道国营商环境的不同方面。营商环境的好坏并非单一因素所能决定，各个因素之间必然是相互联系，共同决定营商环境。为避免这些因素之间较高的相关性对估计结果的影响，本书在实证分析中通过控制固定效应的方式对估计结果进行了稳健性检验。

表 5 - 3   解释变量相关系数矩阵

变量	FD	LR_CII	Age	Eq	TFP	MP	Time	Cost	Gov	Tar	GDPP	Dis
FD	1											
LR_CII	0.42	1										
Age	0.01	-0.01	1									
Eq	-0.01	0.01	0.37	1								
TFP	-0.00	0.00	0.35	0.47	1							
MP	0.03	0.05	-0.00	-0.00	-0.00	1						
Time	-0.53	-0.31	-0.03	0.02	0.01	0.11	1					
Cost	-0.50	-0.39	-0.03	0.02	0.01	0.06	0.68	1				

① 相关系数为 0.00 或者 -0.00 是由四舍五入造成。

续表

变量	FD	LR_CII	age	Eq	TFP	MP	Time	Cost	Gov	Tar	GDPP	Dis
Gov	0.73	0.40	0.01	− 0.00	− 0.00	− 0.22	− 0.53	− 0.53	1			
Tar	− 0.74	− 0.41	− 0.01	0.01	0.00	0.20	0.56	0.52	0.72	1		
GDPP	0.62	0.31	0.01	− 0.01	− 0.01	− 0.25	− 0.48	− 0.55	0.88	− 0.65	1	
Dis	− 0.30	− 0.01	− 0.00	0.00	0.00	− 0.56	0.20	0.18	− 0.08	0.08	0.04	1

　　为控制金融发展以外可能影响企业投资决策的因素，计量模型中包含了东道国宏观经济数据，从而形成了经济时间序列。为避免伪回归，确保估计结果的有效性，本书进一步对东道国宏观经济数据进行了平稳性检验，结果见表 5 - 4。Levin-Lin-Chu（LCC）单位根检验得到的调整后的 T 统计量及其显著性水平显示，在样本区间内这些宏观经济变量都是平稳时间序列①。

表 5 - 4　　　　　　　　东道国宏观经济数据的单位根检验

变量	FD	MP	Time	Cost	Gov	Tar	GDPP
调整值	− 9.48 ***	− 32.39 ***	− 2.0 · 10³ ***	− 1.5 · 10² ***	− 6.12 ***	− 21.79 ***	− 23.01 ***

注：*、**、*** 分别表示显著性水平为10%、5%和1%以下。

二、扩展边际的基准检验与稳健性检验

　　首先以计量式（5 - 1）为基础检验东道国金融发展水平和企业生产率对对外直接投资扩展边际的影响，结果见表 5 - 5。假设企业生产率的影响在不同的东道国之间的影响是同质的，即对于所有的东道国 j，$\gamma_j = \gamma$。相当于东道国的金融发展对投资决策的影响在不同企业间也是同质的。第 1 列为仅包含核心解释变量的简化模型估计结果，东道国金融发展和企业生产率对投资决策均具有显著的正效应。第 2 列为基准检验结果，其中增加了企业和东道国控制变量，结果同样显示企业的全要素生产率和东道国的金融发展水平对企业的投资决策均具有显著的影响。企业的生产率与企业是否会在东道国进

① 进一步考虑时间趋势后，LCC 检验结果依然显示这些宏观经济变量为平稳时间序列。

行投资具有正相关性。在其他条件相同时，生产率高的企业更可能进行跨国并购。与预期一致，东道国金融发展水平的估计系数为正，并在1%水平下显著，表明与美国以及其他国家的跨国企业一样，东道国较高的金融发展水平对中国企业对外直接投资的扩展边际具有显著的促进效应，说明东道国的融资环境是吸引中国企业的重要因素。其他反映东道国市场吸引力的因素，如市场潜力和人均GDP的系数也都显著为正，表明中国企业更可能选择市场潜力大、经济发展水平高、人力资本和物质资本存量丰富的国家进行投资，显示出中国企业对外直接投资过程中强烈的市场寻求和资产寻求动机。在反映东道国市场进入成本的因素中只有建立新企业所需时间（Time）的系数为负向显著，这一方面说明东道国市场进入成本的上升会减少中国企业投资，另一方面说明跨境并购受到时机因素的强烈影响。相比时机的重要性，其他成本因素的影响并不显著。

表5-5　　　　　　　　　　　扩展边际的检验（1）

变量	1	2	3	4	5	6	7
TFP	0.307 *** (0.104)	0.328 *** (0.111)	0.341 ** (0.142)	0.328 *** (0.111)	0.404 *** (0.099)	0.160 *** (0.045)	0.298 *** (0.111)
FD	0.963 *** (0.137)	0.689 *** (0.201)	1.386 *** (0.346)	0.690 *** (0.213)	0.978 *** (0.139)	0.225 *** (0.068)	0.564 *** (0.207)
age		0.009 (0.015)	-0.016 (0.201)	0.009 (0.015)		-0.001 (0.006)	-0.004 (0.016)
Eq		-0.114 (0.170)	0.055 (0.201)	-0.114 (0.170)		-0.089 (0.063)	-0.263 (0.225)
MP		0.090 * (0.051)	0.089 (0.055)	0.090 * (0.053)		0.029 * (0.017)	0.067 (0.055)
GDPP		0.598 *** (0.180)	0.585 ** (0.251)	0.598 *** (0.181)		0.190 *** (0.062)	0.656 *** (0.177)
Time		-0.023 ** (0.009)	-0.067 *** (0.013)	-0.023 ** (0.009)		-0.008 ** (0.003)	-0.022 ** (0.009)

变量	1	2	3	4	5	6	7
Cost		0.012 (0.010)	0.007 (0.022)	0.012 (0.010)		0.004 (0.003)	0.015 (0.010)
Gov		-0.014 (0.009)	-0.032*** (0.012)	-0.014 (0.009)		-0.003 (0.003)	-0.011 (0.009)
Tar		0.031 (0.064)	-0.095 (0.071)	0.031 (0.064)		0.022 (0.019)	0.049 (0.061)
Dis		0.124 (0.159)	0.297** (0.138)	0.122 (0.171)		0.037 (0.055)	0.087 (0.170)
Int_real			0.012 (0.029)				
Profit_tax				0.0002 (0.005)			
年份固定效应	NO	YES	YES	YES	YES	YES	YES
企业、国家 固定效应	NO	NO	NO	NO	YES	NO	YES
观测值	47695	44281	26313	44281	47695	36797	42845

注：括号内为稳健标准误；*、**、***分别表示显著性水平为10%、5%和1%；为节省空间，常数项、对数似然函数值、准 R^2、Wald 检验值和 ρ 值省略。

东道国金融发展水平较高为企业融资提供了良好的条件，但是，除了融资的规模和可得性外，资本使用成本也是影响投资成本的重要因素。出于稳健性考虑，表5-5中第3列的估计中进一步控制了东道国的实际利率（Int_real），结果显示东道国金融发展的系数依然显著为正。第4列中则增加了东道国的企业利润税（Profit_tax）为控制变量。企业投资的根本目的是逐利，如果东道国税率很高势必影响企业的获利能力，打击投资积极性，抵消金融发展带来的正向效应。第4列的结果显示，金融发展的系数与第2列中的系数相比未有显著的变化。这表明即使考虑到实际利润和利润税的差异，较高的金融发展水平依然对投资活动具有促进作用。除已经控制的影响因素外，在国家层面和企业层面可能影响企业投资决策的因素还有很多，很难在实证分析中穷尽，可能造成遗漏变量对估计结果的影响。对此，本书在第5列中使用企业固定效应和东道国国家固定效应来控制所有的企业特征和东道国特征，估计结果依然稳健。

　　由于对外直接投资活动可能影响企业的生产率和融资能力，导致估计结果出现非一致问题，本书进一步使用了工具变量法和CFA方法控制生产率的内生性。第6列是以生产率滞后一期为工具变量，采用IVprobit进行估计得的结果。Wald检验值为4.87，在5%水平下拒绝了原假设，表明工具变量选择合理，且估计结果稳健[①]。第7列为采用CFA法得到的估计结果。CFA法由佩特兰和崔恩（Petrin & Train，2005）发展而来，其核心思想是发掘内生性变量中无法观测到的信息，将这些信息构造成新的变量，并作为控制变量加入原模型，得到一个带有新残差项的新模型，从而使内生性变量与新模型中的残差性不相关。对于本书的研究而言，企业所处行业和地区的其他企业的全要素生产率是较为理想的工具变量。相同行业内的企业之间具有相似的生产函数，企业间的竞争关系会使他们关注彼此的生产经营动态，形成较强的技术溢出效应和模仿效应。在相同区域内的企业更容易彼此交流互动，互相影响。同时，一家企业的对外直接投资活动并不对其他企业的生产率产生直接影响。因此，既可以采用相同行业其他企业的平均生产率作为工具变量，也可以采用既在相同行业又在相同地区的其他企业的平均生产率作为工具变量（Chen & Moore，2010）。中国上市企业数量目前还不是很多，如果按照相同行业并在相同地区进行划分，每组企业数目过少可能影响生产率估计的准确性。因此，本书同时使用企业所在行业其他企业的平均生产率和所属地区其他企业的平均生产率的作为工具变量。第7列的结果中ρ值为0.568，在5%水平下显著，表明CFA法使用恰当。企业生产率的估计系数显著为正，且系数大小与第2列的结果近似，说明模型设定恰当，估计结果稳健。

　　为防止可能存在的测量误差对估计结果的影响，本书使用新的金融发展和扩展边际度量方法做进一步稳健性检验，结果见表5-6。新的金融发展指标为非时变的金融法规质量，新的扩展边际指标为中国企业在东道国的年投资次数。第1列报告了以东道国金融法规质量为金融发展代理指标时Logit模

---

① 本书进一步使用企业生产率的滞后两期作为工具变量，估计结果依然稳健，估计结果备索。

型的估计结果，其中金融法规质量的估计系数为 0. 385，显著性水平在 1% 以下，说明估计结果稳健。

表 5 - 6 扩展边际的检验（2）

变量	是否投资	投资次数			
	1	2	3	4	5
TFP	0. 363 *** (0. 103)				
FD		1. 014 ** (0. 454)	0. 635 *** (0. 498)		
LR_CII	0. 385 *** (0. 057)			0. 656 *** (0. 095)	0. 611 *** (0. 125)
国家、年份固定效应	YES	YES	YES	YES	YES
控制变量	YES	YES	YES	YES	YES
常数值	− 353. 1 (470. 3)	− 853. 7 *** (126)	− 1062 *** (190. 1)	− 841. 4 (102. 5)	− 1044 *** (170. 9)
观测值	46065	342	342	354	354
Log pseud olikelihood	− 1488	− 274. 5	− 220. 4	− 270. 5	− 235. 8
Pseudo R^2	0. 08	0. 36	0. 13	0. 44	0. 17
alpha			3. 908 *** (0. 978)		2. 633 *** (0. 710)

注：除负二项回归结果中小括号内为标准误，其他估计结果中小括号内为稳健标准误；*、**、*** 分别表示显著性水平为 10% 、5% 和 1% 。

对应计量模型式（5 - 2），第 2 ~ 5 列的被解释变量为投资次数，其中第 2 列和第 4 列为泊松回归结果，第 3 列和第 5 列为负二项回归结果。第 2 列中金融发展的系数为正向显著，说明平均而言在金融发展水平较高的东道国，中国企业投资的次数也会更多。使用泊松回归条件为样本的方差与期望相等，即"均等分布"。本书中国企业在不同东道国的投资次数呈现"过度分散"的特征，样本的方差为 1. 537，均值为 0. 518，方差大约是均值的 3 倍。有并购交易发生的样本中并购交易次数集中在 2 ~ 3 次。只有个别的国家和地区（主要是美国和中国香港）有较多的并购交易发生。对于这种离散程度很大的数据特征，使用负二项回归重新进行估计，结果见第 3 列。首先，alpha 统计量在 1% 的水平下显著，说明本书的数据特征更适合使用负二项回归。其次，金融发展的估计系数依然显著为正，但是仅有泊松回归系数的 2/3 左右。第 4 列（泊松回归）和第 5 列（负二项回归）进一步使用东道国金融法规质量进行检验，虽然 alpha 统计量再次表明本书的数据更适合使用负二项回归，但是泊松回归的结果与负二项回归的结果几乎完全一致。这表明相比估计方法，金融发展的度量方法会影响估计结果，私人信贷规模和金融法规质量对投资活动的影响方向是一致的，但是前者会高估影响的程度，后者的影响更加稳健。

除负二项回归外本书还使用了零膨胀泊松回归和零膨胀负二项回归。零膨胀泊松回归中根据 Vuong 统计量拒绝了标准泊松回归，零膨胀负二项回归中 Vuong 统计量没有通过 5% 显著性检验，可以接受标准负二项回归。因此，本书报告了泊松回归和负二项回归的结果。整体上看，进一步的稳健性检验得到了与基准检验一致的结果。

三、集约边际的基准检验与稳健性检验

在本部分以式（5-3）为基础考察东道国金融发展对中国企业对外直接投资集约边际的影响。除个别交易使用人民币外，中国企业在海外的并购活动大多采用美元、日元等外币。因此，首先将并购金额折合为人民币计价后再进行加总，实证检验中进一步做了取对数处理。人民币与其他货币的年度兑换汇率来自中国银行网站。

表 5-7 中第 1 列和第 2 列分别使用私人信贷和金融法规质量作为金融发展指标，采用混合最小二乘法进行估计。金融发展的系数为 0.865，而且非常显著。第 2 列中东道国金融法规质量的检验结果同样显示金融发展水平上升可以在集约边际上促进中国企业投资，差异在于促进效应的大小仅有第 1列中的 1/2。

表 5 - 7 集约边际的检验

变量	1	2	3	4	5	6
FD	0.865 *** (0.187)		0.497 *** (0.123)	0.602 (0.398)		
LR_CII		0.416 *** (0.136)			0.173 *** (0.051)	0.413 *** (0.123)
常数项	− 3054 ** (1242.5)	− 2875 ** (1146.7)	− 1555 *** (574.0)	− 2258 (1883.1)	− 1575 *** (555.9)	− 2078 (1497.8)
国家、年份固定效应	YES	YES	YES		YES	
观测值	364	384	361		381	
R²	0.09	0.09				
Log pseudolikelihood			− 391.5		− 422.4	
Wald test			4.34 **		4.09 **	

注：括号内稳健标准误；* 、** 、*** 分别表示显著性水平为 10%、5% 和 1%。

　　为了避免 OLS 估计中样本选择偏误的影响，本书将没有投资活动发生或者投资金额缺失的样本的集约边际设定为 0。为考察这种处理方法合理性，本书进一步采用 Heckman 两阶段方法进行稳健性检验。第一阶段选择方程的被解释变量为是否有至少一次投资发生，如果中国企业在东道国有至少一次投资则第一阶段被解释变量取值为 1；反之，取值为 0。第二阶段为决策方程，被解释变量为投资总金额。第 3 列和第 5 列分别报告了以私人信贷和金融法规质量为金融发展水平指标时选择方程的估计结果，第 4 列和第 6 列分别为投资总金额的估计结果。第 4 列中私人信贷的估计系数虽然为正，但是不显著，第 6 列中金融法规质量的系数为 0.413，通过了 1% 显著性检验。Wald 检验值分别为 4.34 和 4.09，在 5% 水平下显著，表明存在样本选择偏误，采用 Heckman 两阶段方法是恰当的。整体而言，对集约边际的检验再次表明东道国金融发展水平对中国企业的投资活动具有正向作用，而且相对于金融规模金融法规质量的影响更加重要。

四、生产率门槛的检验

　　在经典的异质性企业对外直接投资理论中，融资约束以及金融发展水平会改变投资所需的生产率水平，进而改变投资决策（Buch et al.，2014；Head & Ries，2003）。本书在扩展边际和集约边际的检验中假设东道国金融发展水平对所有企业的影响是同质的，本部分放松这一假设，检验对外直接投资生产率门槛的变化。在其他条件相同时，东道国金融发展水平提升可以降低投资成本，进而降低市场进入的生产率门槛值（Head & Ries，2003）。据此，本书在基准模型中加入金融发展水平和企业生产率的交互项来检验金融发展水平对生产率门槛的影响，即估计方程（5-4）中的β和γ_j。在其他条件相同时，东道国金融发展水平提升会降低投资成本，进而降低进入的生产率门槛值（Head & Ries，2003）。因此，本书可以按照对外直接投资的生产率门槛值γ_j将东道国排序，即$\gamma_1 < \gamma_2 < \cdots < \gamma_{N-1} < \gamma_N$，其中$j=1$为金融发展水平最高的东道国，$j=N$为金融发展水平最低的东道国。因此，$\gamma_j$的估计结果应该为负，结果见表5-8中第1~3列。这三列分别为Logit模型、IVprobit模型和CFA方法估计结果。正如预期的那样，金融发展水平与生产率的交互项的系数均为负向，且都在1%水平下显著，说明东道国金融发展水平对对外直接投资扩展边际的影响在不同的企业之间存在系统性的差异，在金融发展水平高的东道国投资所需的生产率水平更低。换句话说，东道国较低的金融发展水平会削弱企业在该国投资的意愿，这种负面效应在生产率较高的企业中会显著降低。稳健起见，第4列中使用东道国金融法规质量作为金融发展水平指标，结果显示交互项的系数为-0.532，显著性水平在1%以下，表明在金融法规质量高的国家，中国企业对外直接投资所需的生产率水平更低。

表5-8 生产率门槛的检验

变量	是否投资				最低生产率	
	1	2	3	4	5	6
TFP	2.262 *** (0.817)	1.650 *** (0.409)	2.196 *** (0.833)	1.424 *** (0.307)		
FD	3.045 *** (1.145)	2.181 *** (0.572)	3.068 *** (1.171)	0.873 *** (0.158)	-0.171 (0.129)	-0.078 *** (0.014)
TFP × FD	-0.408 ** (0.180)	-0.332 *** (0.093)	-0.409 ** (0.184)	-0.532 *** (0.166)		

续表

变量	是否投资				最低生产率	
	1	2	3	4	5	6
年份固定效应	YES	YES	YES	YES	YES	YES
企业固定效应	YES	YES	YES	YES	NO	NO
国家固定效应	YES	YES	YES	NO	NO	NO
常数项	−634.1 (560.5)	227.1 (201.7)	579.0 (569.9)	−765.9* (419.6)	31.53 (29.71)	25.27 (26.35)
观测值	44281	36797	42845	46065	232	263
Log pseudolikelihood	−1344.7	−2281.9	−1303.4	−1483.2		
R^2	0.07		0.08	0.08	0.42	0.46
Wald test		17.84***				
ρ			0.575** (0.257)			

注：括号内为稳健标准误；*、**、*** 分别表示10%、5%和1%显著性水平；控制变量估计结果省略。

上述检验结果证明对外直接投资企业的生产率水平与东道国金融水平之间呈现系统性的负相关关系。如果这种负相关关系稳健，其他条件相同的情况下，金融发展水平最高的东道国最有可能吸引生产率最低的企业。基于此，本书将企业在某一东道国投资的年度最低生产率作为东道国金融发展水平的函数，使用OLS进行回归，结果见表5-8中第5列和第6列。第5列中私人信贷的估计系数虽然为负，但是没有通过显著性检验。第6列中金融法规质量的估计系数为−0.078，且在1%水平下显著，意味着东道国金融法规质量越高，会有越多生产率较低的企业在该国投资。比较表5-8中所有的检验结果可以看到，平均而言东道国金融发展水平提高可以降低企业对外直接投资的生产率门槛，不同金融发展水平代理指标的检验结果差异则再次表明相比金融规模的扩大，良好的金融制度更加重要。

五、基于东道国经济发展水平的生产率门槛检验

上述的生产率门槛检验实际上假设了在所有东道国金融发展的影响是同

质的，现实中影响投资决策的因素众多，可能改变金融发展的作用。例如，比尔等（Bilir et al.，2017）、德博尔德和魏（Desbordes & Wei，2017）从理论和实证方面证明金融发展水平上升既可以产生正向的融资效应，也可以产生负向的竞争效应。因此，本书从经济发展水平角度再次考察东道国金融发展对投资活动的影响。将人均 GDP 大于中国的国家或者地区归入高经济发展水平组，用 $Eco = 1$ 表示；人均 GDP 小于中国的国家或者地区归入低经济发展水平组，用 $Eco = 0$ 表示。使用人均 GDP 的原因在于该指标能更好地反映东道国消费者的购买力，从而避免 GDP 总量较大（或者较小）但是人均消费能力较弱（或者较强）的国家被错误地归入高经济发展水平组（或者低经济发展水平组）。金融体系发达的国家通常也是经济较为发达的国家，一国的人均 GDP 与其金融发展水平之间存在显著的正相关性，相关系数达到 0.6 以上。以中国的人均 GDP 为分界线得到的估计结果便于比较与中国的金融发展水平相比，东道国金融发展水平对中国企业投资活动的影响。

本部分的检验建立在以下观点成立的基础之上。在经济发展水平较高的东道国，当地企业获得外部融资进入市场的能力较强，使得市场竞争较为充分。即使金融发展水平进一步提高，进入市场的当地企业数量也会有限，使得竞争效应较小。相反，在经济发展水平较低的东道国，当地企业本身受到融资约束的抑制，市场中的企业数量少于均衡状态下的数量。金融发展水平上升后当地企业大量进入，导致较强的竞争效应。如果上述观点成立，在其他条件相同时，在经济发展水平高的东道国，金融发展会使投资所需的生产率水平低于经济发展水平低的东道国。验证这一观点的检验结果见表 5－9 中的第 1 列和第 2 列，被解释变量为是否投资。第 1 列的结果显示，企业生产率与东道国金融发展水平的交互项显著为负，而生产率、金融发展水平以及经济发展水平三者的交互项虽然为负，但是不显著，表明在经济发展水平高的东道国，金融发展并未使投资所需的生产率显著低于经济发展水平低的国家。这相当于否定了在经济发展水平高的国家，金融发展带来的融资效应强于经济发展水平低的国家。第 2 列中使用东道国金融法规质量作为金融发展的代理指标，此时该交互项的系数为 － 0.066，显著性为 5%，表明东道国经济发展水平的差异会显著改变金融法规质量对生产率的作用。

表 5 - 9 基于东道国经济发展水平的检验

变量	是否投资		最低生产率	
	1	2	3	4
TFP	2. 235 *** (0. 813)	1. 869 *** (0. 440)		
TP	2. 977 *** (1. 136)	1. 082 *** (0. 220)	- 0. 203 ** (0. 082)	- 0. 124 *** (0. 028)
TFP × TP	- 0. 393 ** (0. 179)	- 0. 727 *** (0. 251)		
TFP × 金融发展 × 经济发展水平	- 0. 010 (0. 013)	- 0. 066 ** (0. 032)		
TP × 经济 发展水平			0. 112 ** (0. 047)	0. 054 ** (0. 027)
常数项	624. 8 (562. 7)	- 709. 1 (462)	72. 52 (208. 3)	- 70. 85 *** (163. 7)
国家、年份固定效应及 其他控制变量	YES	YES	YES	YES
企业固定效应	YES	YES	NO	NO
观测值	44281	46065	232	263
R^2	0. 07	0. 08	0. 41	0. 44
Log Pseudolikelihood	- 1344. 5	- 1481. 5		

注：括号内为稳健标准误；*、**、*** 分别表示显著性水平为10%、5%和1%。

接下来的问题是，如果在经济发展水平高的国家，金融发展能进一步降低投资所需的生产率水平，这是否会使得在这些国家投资的生产率最低门槛低于经济发展水平低的国家。为解决这一问题，本书在表5 - 9第3列和第4列中以最低生产率为被解释变量再次估计了不同经济发展水平下金融发展对生产率水平的影响。从结果看，无论以私人部门信贷规模（第3列）还是金融法规质量（第4列）为金融发展指标，经济发展水平与金融发展交互项的系数均显著为正，表明在经济发展水平高的国家投资所需的最低生产率显著高于经济发展水平低的国家。因此，在其他条件相同时，金融发展降低对外直接投资的生产率门槛只是相对而言，向发达国家投资所需的绝对生产率水平还是会高于向发展中国家投资时，这一结果与对日本企业对外直接投资的研究所得结论是一致的（Head & Ries，2003）。

第三节　本章小结

本章的研究表明，东道国金融发展是影响中国企业对外直接投资的重要因素。研究取得的结论主要包含以下几个方面：首先，东道国金融发展水平在扩展边际和集约边际对中国企业的对外直接投资产生促进效应，表现在提高企业对外直接投资的概率、投资次数和投资总金额方面。其次，东道国金融发展水平对企业决策的影响是异质性的，较高的金融发展水平会显著降低对外直接投资所需的生产率水平，并降低投资的最低生产率门槛。这相当于对生产率较低的企业而言，东道国较高的金融发展水平对投资的促进效应增强。再其次，在经济发展水平高的东道国，金融发展水平更能发挥降低投资所需生产率的作用，不过就最低生产率的绝对水平而言，经济发展水平较高的东道国的市场进入门槛依然显著高于经济发展水平较低的东道国。最后，相比私人信贷规模，东道国的金融法规质量对对外直接投资的影响更加稳健，以私人信贷规模衡量金融发展水平有时会高估其对投资活动的促进作用。

第六章

东道国金融发展对中国企业跨国
并购区位选择的影响研究

本章的内容是研究东道国金融发展影响中国
企业对外直接投资的渠道，以及在不同的东道国
间影响渠道的差异，从金融发展角度为中国企业
对外直接投资的区位选择提供经验证据。

第一节　计量模型设定

一、东道国金融发展影响差异的计量模型

本章实证分析关心的第一个问题是，在经济
较为发达的国家是否金融发展对中国企业对外直
接投资的促进作用更强，为此本书建立了以下的
计量模型：

$$OFDI_{jst} = \alpha + \beta FD_{jt} + \gamma FD_{jt} \times Hincome_j + \Gamma X_{jt}$$
$$+ \varphi_{jt} + \varphi_{st} + \varepsilon_{jst} \quad\quad (6-1)$$

其中，$OFDI_{jst}$对应与中国企业在 t 时期在 s 行业
对国家 j 的不同对外直接投资决策。FD_j 为国家 j

的金融发展水平，$Hincome_j$ 区分东道国 j 的经济发展水平，是取值为 0 或者 1 的二值选择变量。X_{jt} 为反映东道国国家特征的控制变量，φ_{jt} 为随时间变化的东道国固定效应，φ_{st} 为随时间变化的行业固定效应，ε_{jst} 为误差项。

对应式（6-1）会有三组结果作为被解释变量：一是 s 行业的中国企业是否在东道国 j 进行了至少一次投资；二是中国 s 行业在东道国 j 的年投资总次数，三是中国 s 行业在东道国 j 年投资项目的平均金额。为便于讨论，对应于被解释变量分别为是否有投资、投资次数和投资平均金额，本书将回归系数 β 分别标识为 β_{ifofdi}、β_{num} 和 β_{vol}，回归系数 γ 分别标识为 γ_{ifofdi}、γ_{num} 和 γ_{vol}。

如果东道国金融发展确实会产生融资效应，并且融资效应强于竞争效应，则金融发展对跨国企业的投资活动整体上会产生促进作用，因为跨国企业可以从东道国改善了的融资条件中获得更多的当地融资。不同经济发展水平的东道国间金融发展对中国企业对外直接投资产生的异质性影响的识别，通过金融发展与经济发展水平两个变量的交互项（$FD_{jt} \times Hincome_j$）来实现。东道国经济发展水平为一个二元变量（在后面的指标构建中会有具体说明），因此能够准确识别系数 γ，因为参数估计依赖的是国家经济发展分类差异对中国企业对外直接投资的影响，式（6-1）中东道国国家固定效应并不能解释这种差异性影响。如果对于是否投资、投资次数和投资平均金额这三个结果变量，检验结果中 $\gamma>0$，且 $\beta>0$ 则说明在经济发展水平较低的东道国，金融发展确实产生了融资效应，在经济发展水平较高的东道国这种融资效应会更强；如果 $\gamma<0$、$\beta>0$ 则表明在经济发展水平较低的东道国中金融发展产生了融资效应，但在经济发展水平较高的东道国正向的融资效应显著下降；如果 $\gamma<0$、$\beta<0$ 则表明在经济发展水平较低的东道国，金融发展并未发挥融资效应，或者相比融资效应，负向的竞争效应更强，在经济水平较高的东道国，金融发展带来的竞争效应进一步增强。如果 $\gamma>0$、$\beta<0$ 既可能是在经济发展水平较高的东道国金融发展具有融资效应，也可能是竞争效应比在经济发展水平较低的国家低。

理论和实证分析都表明影响企业对外直接投资的东道国因素很多，例如市场规模、资源禀赋、收入水平、制度质量、贸易成本等（Blonigen，2005），然而很难在实证分析中将所有的影响因素穷尽（Blonigen & Piger，2014）。本书在计量模型中使用随时间变化的东道国固定效应来控制所有对外直接投资的东道国影响因素①。计量模型中还加入了随时间变化的行业固定效应，用来控制不同国家间行业共有的影响投资的要素和外部冲击。通过固定效应的作用可以避免遗漏变量等造成的模型设定偏误，而且这样可以最大化样本容量，避免由于不同截面和时间段上解释变量缺失造成的样本损失。误差项 ε_{jst} 则捕捉影响企业投资活动的其余因素。检验中使用东道国层面的聚类标准误，允许国家层面观测值之间的相关冲击。

二、东道国金融发展的融资效应差异识别

式（6-1）中对 β 和 γ 的识别是基于不同东道国和不同时间内金融发展水平的变化。控制变量 X_{jt} 可以吸收那些可以影响跨国企业行为以及与金融发展水平相关的国家特征因素所发挥的作用。如果所有这些协变量可以包含在控制变量 X_{jt} 中，β 和 γ 便可以分离出金融发展对中国企业对外直接投资的独立影响，而不存在遗漏变量带来的估计偏误。东道国在进行金融体制改革时会进行更广泛的制度或者经济改革，也会影响到跨国企业行为。这些因素的变化如果无法观测，系数 β 和 γ 所反映的便是金融发展连同这些被遗漏的国家特征的共同影响。另外，被解释变量为行业层面的是否投资、投资次数和平均金额，东道国金融发展有可能受到这些加总经济活动的影响，从而产生反向因果关系，也是实证分析中需要处理的问题。

为防止以上问题对式（6-1）估计结果的影响，并进一步明确东道国金融发展与中国企业对外直接投资的因果关系，本书设定了第二个估计方程，将不同行业对金融发展的敏感程度纳入估计模型中，即：

$$OFDI_{jst} = \alpha + \beta FD_{jt} + \gamma FD \times Hincome_j + \delta FD_{jt} \times EFD_s$$
$$+ \xi FD_{jt} \times EFD_s \times Hincome_j + \Gamma X_{jt} + \varphi_{jt}$$
$$+ \varphi_{st} + \varepsilon_{jst} \qquad (6-2)$$

其中，EFD_s 为行业 s 的外部融资依赖度，系数 δ 和 ξ 共同反映了金融发展对对外直接投资活动的影响。不同行业由于技术差异对外部融资的需求程

---

① 东道国国家固定效应捕捉了金融发展水平对对外直接投资产生的国家层面的影响，例如，潜在的更大的市场规模。

度不同（Rajan & Zingales，1998）[①]。在外部融资依赖度较高的行业中投资活动产生的前期成本更高，导致流动性约束，使企业对外部融资的需求加大。因此，这些行业内的企业对东道国金融发展带来的影响会更加敏感。如果东道国金融发展存在融资效应，或者融资效应强于竞争效应，对于三组被解释变量，是否投资、投资次数和平均投资金额，系数 δ 和 ξ 的符号为正。由于 δ 和 ξ 依赖于不同行业间的外部融资需求差异和东道国经济发展水平组的划分，前者取决于行业的技术差异，而非国家特征差异，后者取决于外生的划分标准，而且控制变量中对人均 GDP 进行了控制，因此即使控制变量中遗漏了东道国其他特征变量，δ 和 ξ 的意义也是明确的，不会产生估计偏误。

式（6-1）的结果反映了金融发展对中国企业对外直接投资的平均行业效应，及其在不同经济发展水平国家的差异。虽然估计结果可能受到估计偏误的影响，但却反映了东道国金融发展为中国企业投资活动带来的整体福利效应。式（6-2）可以克服潜在的遗漏变量和反向因果关系的困扰，更清晰地识别融资效应，反映了东道国金融发展在不同行业间产生的异质性影响，以及这种异质性在不同经济发展水平国家间的差异。需要说明的是，东道国金融发展对中国企业的投资活动整体上具有正向的积极作用时，并不保证这种积极作用来源于融资效应，它也可能来自东道国金融发展带来的当地产业集聚对投资的吸引力。因此，判断东道国金融发展对中国企业对外直接投资的影响时应该结合式（6-1）和式（6-2）的结果综合评价。

三、指标构建与数据来源

（一）被解释变量

本部分实证分析中行业层面的被解释变量有三组，分别为是否投资、投资次数与投资金额。

---

① 更多关于不同行业以及不同规模企业的外部融资依赖差异的研究可参见阿吉翁（Aghion et al.，2007）、贝克等（Beck et al.，2005）对融资约束与经济增长的研究，贝克（Beck，2003）、阿米蒂和温斯坦（Amiti & Weistein，2009）、马诺娃（Manova，2013）对融资约束与国际贸易的研究。

是否投资（*if_OFDI*）：如果中国企业某年在东道国有至少一次投资，则该被解释变量取值为1，若无投资活动发生则取值为0。因此，该被解释变量为二值选择变量。

投资次数（*N_OFDI*）：以中国某行业内企业在东道国投资年度投资总次数衡量。

投资金额（*V_OFDI*）：以中国某行业内企业在东道国年度投资平均金额衡量。对于个别投资金额缺少的样本，在计算投资平均金额时从投资次数中去掉该样本。投资金额做取自然对数处理。

解释变量：所有解释变量的构造方式与本书第五章相同，不再累述。

（二）东道国经济发展水平的划分

东道国经济发展水平的划分是本书中区分金融发展水平对中国企业对外直接投资区位选择影响的重要指标。从已有研究来看，对经济发展水平的划分可以参照母国的经济发展水平，也可以参照世界银行对各国收入水平的划分。在将中国台湾企业对外直接投资和出口东道国或地区划分为高收入与低收入两种类型时，敖和李（Aw & Lee，2014）以中国台湾地区人均地区生产总值（GDP）为标准，将高于台湾地区人均GDP的东道国或者地区归入高收入组，低于台湾地区人均GDP的国家或者地区归入低收入组。世界银行则根据人均GDP将各国分为高收入、中高收入、中低收入和低收入四个类别。本书在实证分析中采用了世界银行的标准。2012年世界银行划定的高收入国家标准为人均GDP 12616美元以上国家。本书将人均GDP高于该标准的国家定义为高经济发展水平国家，用*Hincome* = 1表示，人均GDP低于该标准的国家定义为低经济发展水平国家，记为*Hincome* = 0。

虽然各国的金融发展水平与其经济发展水平之间存在较高的正相关性，相关系数达到0.629，但是仍然存在一些私人部门信贷规模较小，但收入水平较高的国家。本书借鉴敖和李（Aw & Lee，2014）的做法，将人均GDP高于中国的国家归入高经济发展水平组，将低于中国人均GDP的国家归入低经济发展水平组，这两组国家的金融发展核密度图见图6-1（a）和图6-1（c）。其中图6-1（a）样本包含了所有东道国，图6-1（c）样本中仅包含有中国企业投资的东道国。这两幅图均反映出在以中国人均GDP为标准划分东道国经济发展水平时可能出现重大偏误。由于此时高经济发展水平组的国家中会有许多国家的金融发展水平低于低经济发展水平组的国家，会出现中国企业更加偏好经济发展水平高但是金融发展水平低的国家的现象，在实证分析中则会导致高经济发展水平国家金融发展对中国企业对外直接投资的整体影响下降，甚至可能出现在高经济发展水平的国家金融发展抑制中国企业投资的结果①。

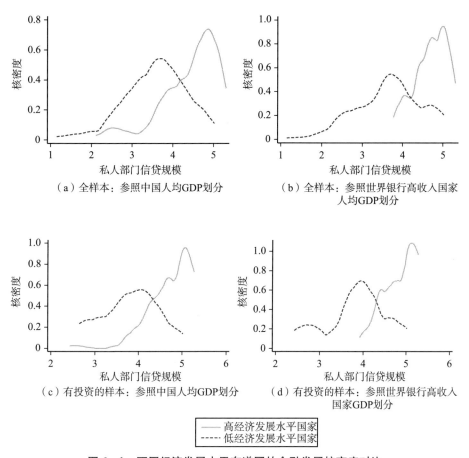

图6-1 不同经济发展水平东道国的金融发展核密度对比

---

① 本书以中国人均GDP为标准划分东道国经济发展水平后进行了检验，发现当被解释变量为是否投资和投资次数时，在高经济发展水平国家组中较高的金融发展水平对中国企业对外直接投资的作用不显著，在投资平均金额检验中则出现了显著的抑制作用。

图 6 - 1 （b） 和图 6 - 1 （d） 则是按照世界银行高收入国家收入水平标准划分后的东道国金融发展核密度图。图 6 - 1 （b） 的样本包含了所有东道国，可以看到绝大多数高经济发展水平国家的金融发展水平要高于低经济发展水平的国家。图 6 - 1 （d） 的样本中只包含了有中国企业投资的样本，核密度图同样反映了中国企业更加偏好高经济发展水平、高金融发展水平的东道国。因此，采用该种划分标准可以避免低估在高收入国家金融发展对中国企业对外资金投资的促进作用。

上述两种划分标准的对比还凸显出另一个重要问题，即在人均 GDP 高于中国但又低于世界银行高收入国家标准的东道国中，金融发展对中国企业对外直接投资的影响可能有别于高收入国家和人均 GDP 低于中国的国家。因此，本书除将东道国按照世界银行高收入国家标准划分为高经济发展水平组和低经济发展水平组用于基准回归外，在拓展检验中将低经济发展水平组按照中国人均 GDP 进一步划分为两个部分：高于中国人均 GDP 但低于世界银行高收入国家标准的东道国，以及人均 GDP 低于中国的东道国。为了与基准检验中的高低经济发展水平国家相区别，这两组国家分别以 *Hincome* = 2 和 *Hincome* = 3 表示。相应地，高收入东道国此时用 *Hincome* = 1 表示。

表 6 - 1 给出了被解释变量在不同经济发展水平东道国的描述性统计。表 6 - 1 中的 A 部分为全样本的统计结果。可以看到，无论被解释变量是是否投资还是投资次数，高经济发展水平东道国的均值明显大于低经济发展水平的东道国。与此同时，高经济发展水平东道国的金融发展水平均值高于低经济发展水平东道国，前者的最小值也显著大于后者的最小值。这表明中国企业更加偏好在经济发展水平和金融发展水平都较高的东道国进行投资。

表 6 - 1　　　　被解释变量和关键解释变量的描述性统计

变量		*Hincome* = 0					*Hincome* = 1				
		观测值	均值	标准差	最小值	最大值	观测值	均值	标准差	最小值	最大值
A：全样本	*if_OFDI*	5591	0.006	0.074	0	1	6864	0.022	0.131	0	1
	N_OFDI	5591	0.006	0.074	0	1	6864	0.024	0.168	0	3
	FD	161	3.679	0.807	1.145	5.019	187	4.695	0.405	3.773	5.305

续表

变量		*Hincome* = 0					*Hincome* = 1				
		观测值	均值	标准差	最小值	最大值	观测值	均值	标准差	最小值	最大值
B： *If_OFDI* = 1 的样本中	*N_OFDI*	31	1	0	1	1	151	1.099	0.311	1	3
	V_OFDI	27	4.174	3.044	-2.797	9.517	139	4.917	4.821	-2.041	11.472
	EFD	31	0.933	0.314	0.296	1.845	151	0.559	1.712	-17.859	2.337
	FD	31	3.855	0.708	2.425	5.019	126	4.841	0.380	3.918	5.272

表 6-1 中 B 部分的统计描述只包含有投资发生的样本。从投资次数来看，平均而言依然是高经济发展水平的东道国吸引了更多的中国投资。图 6-2（a）描绘了行业年投资次数的散点图，横轴为东道国金融发展水平，可以看到散点较为密集地分布在横轴的右端，而且投资次数较多的点也分布在横轴右端。此外，分布于横轴右端的点绝大多数标识为经济较为发达的东道国。这表明从行业层面看，中国企业偏好于在经济发展水平和金融发展水平均较高的东道国投资。

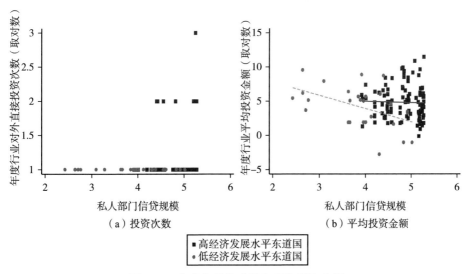

（a）投资次数　　　（b）平均投资金额

■ 高经济发展水平东道国
● 低经济发展水平东道国

图 6-2　行业年投资次数和平均投资金额

从表6-1 B部分中投资平均金额的描述性统计结果看，在高经济发展水平的东道国均值只比低经济发展水平的东道国略高，但是平均金额最高的样本在高经济发展水平的国家，金额最低的样本在低经济发展水平的国家。图6-2（b）为行业年投资平均金额的散点图。从中可以看到，在经济发展水平较高的东道国中，平均金额的拟合线很平缓，但是从散点的分布看，拟合线下方的散点相对比较密集，表明在这类东道国中金融发展水平对平均投资金额的影响很可能是不显著的。在低经济发展水平东道国中，平均金额的拟合线明显地向下倾斜，意味着在这类东道国中金融发展水平较高可能抑制投资规模。由于散点图只能考虑东道国金融发展因素，无法反映东道国其他特征，因此，散点的分布特征很可能受到金融发展以外的因素的影响。

从表6-1 B部分中金融发展水平的描述性统计结果看，依然是高经济发展水平的东道国平均而言拥有更高的金融发展水平，反映在图6-2中便是代表在高经济发展水平国家投资的点基本分布于横轴的右端。因此，高经济发展水平的东道国通常拥有较高的金融发展水平。在两种不同经济发展水平的东道国中投资，平均投资金额的拟合线的差距较大，是否意味着金融发展对平均投资金额的影响存在显著的差异性还需要通过严谨的实证检验来证明。

表6-1 B部分中还报告了在不同经济发展水平的东道国，有投资发生的行业的外部融资依赖度的描述性统计。在低经济发展水平的东道国，投资行业的平均外部融资依赖度为0.933，在高经济发展水平的东道国则为0.559，但是在后者投资，行业的外部融资依赖度差异远远大于前者，融资依赖度最高的行业选择在经济发展水平高的国家投资。这表明经济发展水平较高的东道国更容易吸引不同外部融资依赖度的企业进行投资，从而有利于增加投资概率和数量。

第二节 实证结果与分析

一、基准检验

（一）是否投资的检验

表6-2报告了以式（6-1）为基础被解释变量为是否投资（*if_OFDI*）的

检验结果，从第 1～6 列依次增加控制变量。首先，东道国金融发展水平的估计系数始终为正，但是不显著，这表明在低经济发展水平的东道国，金融发展对中国企业对外直接投资的促进作用有限。东道国金融发展促进跨国企业投资的原因可能是由于金融发展使得跨国企业更容易在当地融资，即融资效应，也可能来源于金融发展促进当地企业集聚，间接吸引跨国企业投资（Desbordes & Wei，2017）。此处正向效应不显著的原因既可能是由于融资效应或者间接的集聚效应不显著，也可能是由于负向的竞争效应或者去一体化效应过大，抵消掉了正向效应。其次，从东道国金融发展与经济发展水平虚拟变量交互项（$FD \times Hincome$）的检验结果看，系数均为正，而且除第 3 列和第 4 列外，交互项至少通过 5% 的显著性检验。这表明相比低经济发展水平的东道国，在高经济发展水平的东道国，较高的金融发展水平对中国企业对外直接投资具有更加显著的促进作用。这种促进作用可能源于正向的融资效应，或者正向融资效应或者（和）间接的集聚效应超出了负向竞争效应或者（和）去一体化效应。因此，整体上看，东道国较高的经济和金融发展水平更能吸引中国企业投资。

表 6-2   基准检验：是否投资

变量	1	2	3	4	5	6
FD	0.542 (0.368)	0.378 (0.346)	0.277 (0.401)	0.573 (0.483)	0.266 (0.393)	0.474 (0.392)
$FD \times Hincome$	0.175 *** (0.063)	0.229 *** (0.068)	0.041 (0.123)	0.185 (0.140)	0.414 ** (0.194)	0.419 ** (0.201)
MP		0.119 ** (0.052)	0.149 *** (0.056)	0.116 ** (0.056)	0.283 ** (0.113)	0.267 ** (0.115)
$GDPP$			0.284 (0.239)	0.541 ** (0.274)	0.544 ** (0.313)	0.376 (0.284)
$Time$			-0.032 *** (0.011)	-0.031 *** (0.012)	-0.036 *** (0.012)	-0.022 * (0.013)
$Cost$			0.007 (0.014)	-0.001 (0.016)	0.003 (0.015)	0.004 (0.013)
Gov				-0.034 ** (0.017)	-0.043 *** (0.016)	-0.034 ** (0.016)

变量	1	2	3	4	5	6
Profit_tax				0.009 (0.009)	−0.003 (0.009)	0.002 (0.009)
Dis					0.784 * (0.433)	0.831 * (0.433)
Tar					−0.00005 (0.094)	0.040 (0.080)
常数项	−7.26 *** (1.496)	−8.58 *** (1.570)	−10.4 *** (2.304)	−12.1 *** (2.964)	−20.0 *** (6.300)	−21.9 *** (6.243)
行业、年份固定效应	NO	NO	NO	NO	NO	YES
年份固定效应	NO	NO	NO	NO	NO	YES
观测值	11508	11508	11508	11508	10731	10731
R^2	0.0400	0.0466	0.0570	0.0655	0.0835	0.1207

注：括号内为国家层面聚类稳健标准误；* 、** 、*** 分别表示显著性水平在 10% 、5% 、1% 以下。

就控制变量而言，以第6列中基准检验结果为例，东道国人均 GDP、成立新企业所需费用、企业利润税以及关税的系数不显著。成立新企业所需时间的估计系数为负向显著，表明所需时间越长东道国对中国企业的吸引力越低。成立新企业所需时间反映了东道国当地企业进入市场的壁垒高低，在一定程度上反映了东道国的营商环境和商业效率。虽然并购交易不同于建立新企业，但是较差的商业效率同样会使并购活动受到影响。东道国政府治理水平的估计系数显著为负，反映了中国企业对治理水平较差东道国的偏好。最后，双边距离的估计系数为正向显著，反映出中国企业舍近求远向距离中国地理位置较远的发达国家投资的偏好，而距离较近的周边国家多数为发展中国家，无论是出于市场寻求还是技术等战略性资产寻求的动机，发达国家是更理想的投资目的地。因此，中国企业对外直接投资过程中舍近求远的背后真正发挥作用的是投资动机。

以是否投资为被解释变量，对东道国金融发展的融资效应的检验结果见表 6 - 3。在式（6 - 2）的基准模型设定中没有包含主效应，因为对融资效应的识别依赖不同行业的外部融资差异，即使存在遗漏变量，也不会改变行业间差异性。稳健起见，从第 1～6 列依次增加控制变量的同时，检验中包含了东道国金融发展，及其与经济发展水平虚拟变量的交互项。第 7 列则是式（6－2）代表的基准模型的估计结果。从第 1～6 列的估计结果看，在高经济发展水平的东道国，较高的金融发展水平产生的效应显著为正，远远大于低经济发展水平的东道国，表现在金融发展水平与经济发展水平的交互项的系数为正向显著。就融资效应的检验结果而言，金融发展水平对外部融资依赖度较高的行业具有较强的促进作用，表现在金融发展水平与行业外部融资依赖度的交互项的系数显著为正。但是金融发展水平、行业外部融资依赖度与经济发展水平三者的交互项的系数显著为负，表明在高经济发展水平的东道国，金融发展对外部融资依赖度较高行业的吸引力显著下降。同样地，第 7 列的估计结果也显示在高经济发展水平的东道国中融资效应并未显著提高。因此，在高经济发展水平的东道国，金融发展水平促进中国企业投资的主要途径并非融资效应。本章认为产生这种情况的原因在于，首先，高经济发展水平的东道国金融发展水平普遍较高，从金融发展的描述性统计结果看，这些东道国的金融发展水平的标准差较小。这意味着当企业在这些高经济发展水平的东道国之间做决策时，金融发展差异较小使得金融发展不再是一个重要的影响因素。相反，低经济发展水平的东道国之间金融发展差异较大，企业在投资时，金融发展的差异就成为重要的影响因素。

表 6 - 3　　　　　　　　　融资效应检验：是否投资

变量	1	2	3	4	5	6	7
FD	0.448 (0.376)	0.282 (0.353)	0.179 (0.410)	0.473 (0.491)	0.141 (0.397)	0.362 (0.394)	
FD × Hincome	0.256 *** (0.066)	0.312 *** (0.071)	0.124 (0.128)	0.271 * (0.147)	0.525 *** (0.202)	0.521 ** (0.211)	
FD × EFD	0.113 *** (0.034)	0.115 *** (0.034)	0.117 *** (0.034)	0.119 *** (0.035)	0.144 *** (0.040)	0.131 *** (0.041)	0.040 * (0.023)
FD × EFD × Hincome	−0.104 ** (0.034)	−0.105 *** (0.035)	−0.107 *** (0.035)	−0.110 *** (0.036)	−0.134 *** (0.041)	−0.124 *** (0.043)	−0.030 (0.023)

变量	1	2	3	4	5	6	7
MP		0.120 ** (0.052)	0.151 *** (0.056)	0.117 ** (0.056)	0.285 ** (0.113)	0.268 ** (0.115)	0.305 ** (0.146)
GDPP			0.285 (0.239)	0.545 ** (0.275)	0.548 * (0.314)	0.379 (0.285)	0.831 ** (0.364)
Time			−0.032 *** (0.011)	−0.031 *** (0.012)	−0.036 *** (0.013)	−0.022 * (0.014)	−0.033 ** (0.013)
Cost			0.007 (0.014)	−0.001 (0.016)	0.003 (0.015)	0.004 (0.013)	0.023 * (0.013)
Gov				−0.034 ** (0.017)	−0.044 *** (0.016)	−0.034 ** (0.016)	−0.010 (0.012)
Profit_tax				0.008 (0.009)	0.003 (0.009)	0.002 (0.009)	−0.004 (0.011)
Dis					0.787 * (0.433)	0.834 * (0.434)	0.707 (0.560)
Tar					−0.001 (0.094)	0.040 (0.080)	−0.022 (0.067)
常数项	−7.222 *** (1.508)	−8.546 *** (1.579)	−10.4 *** (2.314)	−12.1 *** (2.976)	−20.0 *** (6.315)	−22.0 *** (6.241)	−23.7 *** (8.679)
行业、年份固定效应	NO	NO	NO	NO	NO	YES	YES
年份固定效应	NO	NO	NO	NO	NO	YES	YES
观测值	11508	11508	11508	11508	10731	10731	10731
R^2	0.0437	0.0504	0.0610	0.0696	0.0874	0.1237	0.1093

注：括号内为国家层面聚类稳健标准误；＊、＊＊、＊＊＊分别表示显著性水平在10%、5%、1%以下。

本部分检验反映出的另一重要问题是，在高经济发展水平的东道国存在其他因素改变了金融发展对中国企业对外直接投资决策的影响。对于这个问题本书在拓展检验中进行分析说明。

（二）投资次数的检验

如果东道国金融发展能够促进某一行业内企业投资的概率，相应的投资次数也应该增加。同样地，如果在经济发展水平较高的东道国，金融发展更能提高投资概率，那么在这些国家投资次数也应该显著增加。为检验这一预期是否成立，本部分以中国企业在东道国的年度行业投资次数作为被解释变量进行了检验，结果见表6－4。表6－4中第1～2列为泊松回归检验结果，第3～4列为负二项回归检验结果，第5列为零膨胀泊松回归检验结果。在第1列中只包含核心解释变量，第2列中则增加了控制变量和固定效应。虽然金融发展与经济发展水平的交互项的系数大小差异比较大，但是二者均为正，而且都通过了至少5%显著性水平的检验。泊松回归的条件是样本服从"均等分别"，但是本书样本中被解释变量的均值为0.016，标准差为0.135。标准差是均值的9倍左右，不符合"均等分布"条件，因此，本书使用负二项回归进行了稳健性检验。第3～4列的负二项回归结果与泊松回归结果极为接近，而且第4列中alpha值没有通过显著性检验，表明可以使用泊松回归。由于样本中存在大量投资次数为零的样本，本书进一步使用零膨胀泊松回归进行检验，结果见第5列，其中Vuong统计量不显著，拒绝了使用零膨胀泊松回归的必要性，使用标准泊松回归即可[1]。综合来看，无论采用何种检验方法，结果均显示在经济发展水平高的东道国，金融发展水平更能吸引中国企业投资，投资次数显著增加。

表6－4　　　　　　　　　　基准检验：投资次数

变量	1	2	3	4	5
FD	0.573 (0.406)	0.469 (0.412)	0.556 (0.380)	0.453 (0.407)	0.453 (0.302)
FD × Hincome	0.184 *** (0.065)	0.428 ** (0.203)	0.185 *** (0.065)	0.413 ** (0.199)	0.413 *** (0.138)

---

① 除泊松回归、负二项回归和零膨胀泊松回归外，本书还使用零膨胀负二项回归进行了检验，检验结果与零膨胀泊松回归结果完全一致，Vuong统计量未通过显著性检验。

变量	1	2	3	4	5
MP		0. 281 ** (0. 113)		0. 273 ** (0. 114)	0. 274 *** (0. 066)
GDPP		0. 400 (0. 297)		0. 393 (0. 290)	0. 394 (0. 264)
Time		− 0. 022 (0. 014)		− 0. 022 (0. 014)	− 0. 022 ** (0. 011)
Cost		0. 005 (0. 013)		0. 005 (0. 012)	0. 005 (0. 014)
Gov		− 0. 034 ** (0. 016)		− 0. 032 ** (0. 016)	− 0. 032 *** (0. 012)
Profit_tax		0. 002 (0. 009)		0. 003 (0. 009)	0. 003 (0. 007)
Dis		0. 877 ** (0. 408)		0. 829 * (0. 431)	0. 830 *** (0. 207)
Tar		0. 037 (0. 082)		0. 034 (0. 083)	0. 034 (0. 063)
常数项	− 7. 40 *** (1. 661)	− 22. 8 *** (6. 033)	− 7. 33 *** (1. 545)	− 22. 1 *** (6. 229)	− 21. 1 *** (3. 214)
行业、年份固定效应	NO	YES	NO	YES	YES
年份固定效应	NO	YES	NO	YES	YES
观测值	11503	10731	11508	10731	10731
R^2	0. 0437	0. 1274	0. 0404	0. 1180	
alpha			5. 038 *** (1. 252)	2. 043 (1. 319)	
Vuong 统计量					1. 25

注：括号内为国家层面聚类稳健标准误；＊、＊＊、＊＊＊分别表示显著性水平在10%、5%、1%以下。

表 6－5 中第 1～2 列报告了当被解释变量为投资次数时，东道国金融发展对中国企业对外直接投资是否具有正向的融资效应[①]。金融发展与行业外部融资依赖度的交互项系数显著为正，表明金融发展确实可以使企业更容易从东道国获得融资，从而促进投资次数的增长，但是在高经济发展水平的东道国，对于外部融资依赖度较高的行业而言，正向的融资效应反而显著下降。对投资次数的检验再次证明，高经济发展水平的东道国还存在其他因素影响了中国企业对东道国金融发展差异的敏感度。

表 6－5　　　　融资效应的检验：投资次数和平均投资金额

变量	1	2	3
FD	0.480 (0.413)	0.358 (0.415)	－1.378 (0.999)
FD × Hincome	0.263*** (0.067)	0.528** (0.213)	0.276 (0.713)
FD × EFD	0.112*** (0.033)	0.130*** (0.040)	0.481 (0.588)
FD × EFD × Hincome	－0.101*** (0.034)	－0.120*** (0.042)	－0.496 (0.589)
MP		0.281** (0.113)	0.060 (0.240)
GDPP		0.403 (0.297)	0.127 (0.612)
Time		－0.022 (0.014)	－0.068 (0.023)***
Cost		0.005 (0.013)	0.045 (0.036)
Gov		－0.034** (0.016)	0.053 (0.038)

① 估计方法为泊松回归。

续表

变量	1	2	3
Profit_tax		0.002 (0.009)	−0.013 (0.021)
Dis		0.879 ** (0.409)	0.679 (0.516)
Tar		0.037 (0.082)	0.215 (0.117) *
常数项	−7.36 *** (1.673)	−22.9 *** (6.029)	−0.321 (0.117)
行业、年份固定效应	NO	YES	YES
年份固定效应	NO	YES	YES
观测值	11508	10731	133
R^2	0.0475	0.1303	0.3844

注：括号内为国家层面聚类稳健标准误；＊、＊＊、＊＊＊分别表示显著性水平在 10%、5%、1%
以下。

（三）行业平均投资金额的检验

投资规模是本书需要考察的第三个对象。表 6 - 6 报告了中国企业在东道
国投资项目的行业年平均投资金额。为避免样本选择偏误，本书首先使用
Heckman 两阶段方法进行了估计，其中表 6 - 6 中第 1~2 列分别为使用两步
法估计时选择方程和决策方程的估计结果。第 3~4 列分别为使用最大似然估
计法估计时选择方程和决策方程的估计结果。两种估计方法所得结果近似，
而且逆米尔斯比率和 Wald 统计量均不显著，都表明无须使用 Heckman 两阶
段方法进行样本偏误矫正。因此，本书使用最小二乘法重新进行估计，结果
见表 6 - 6 中第 5~6 列。第 5 列中未加入中国与东道国双边距离指标，OLS
估计结果显示东道国金融发展对中国不同行业投资的平均规模并未产生显著
的影响。第 6 列中增加双边距离指标后估计结果依然稳健，这在一定程度上
表明在 Heckman 两阶段估计过程中选择方程的解释变量比决策方程的解释变
量增加双边距离是合理的，因此，无论 Heckman 两阶段估计结果还是 OLS 估

计结果均显示双边距离对是否投资具有显著影响，但是对投资平均金额没有显著影响。

表 6 - 6　　　　　　　　　　基准检验：分行业平均投资金额

变量	1	2	3	4	5	6
	选择方程	决策方程	选择方程	决策方程	—	—
FD	0.172 (0.117)	- 1.353 (0.860)	0.175 (0.151)	- 1.102 (0.855)	- 0.465 (0.741)	- 0.931 (0.881)
$FD \times Hincome$	0.169 *** (0.056)	- 0.668 (0.443)	0.170 ** (0.801)	- 0.573 (0.403)	- 0.222 (0.397)	- 0.249 (0.387)
MP	0.109 *** (0.027)	- 0.200 (0.131)	0.111 ** (0.049)	- 0.188 * (0.113)	- 0.158 (0.123)	0.066 (0.237)
GDPP	0.109 (0.104)	- 0.113 (0.685)	0.107 (0.105)	- 0.013 ** (0.657)	0.339 (0.625)	0.166 (0.592)
Time	- 0.008 * (0.004)	- 0.055 * (0.029)	- 0.008 (0.005)	- 0.055 * (0.031)	- 0.066 ** (0.025)	- 0.076 *** (0.026)
Cost	0.002 (0.005)	0.063 ** (0.032)	0.002 (0.005)	0.060 * (0.035)	0.056 (0.035)	0.068 * (0.036)
Gov	- 0.011 ** (0.005)	0.088 ** (0.038)	- 0.011 * (0.007)	0.078 ** (0.033)	0.049 (0.031)	0.061 * (0.034)
Prafit_tax	0.001 (0.003)	- 0.017 (0.020)	0.001 (0.004)	- 0.014 (0.020)	- 0.002 (0.019)	- 0.015 (0.021)
Dis	0.323 *** (0.091)		0.333 * (0.197)			0.785 (0.490)
Tar	0.015 (0.025)	0.188 (0.158)	0.015 (0.031)	0.206 * (0.125)	0.301 *** (0.093)	0.225 * (0.114)
常数项	- 8.98 *** (1.315)	23.3 * (12.84)	- 9.077 *** (2.776)	19.4 * (10.37)	5.985 (5.938)	- 0.524 (7.004)
行业、年份固定效应	YES		YES		YES	YES
年份固定效应	YES		YES		YES	YES

续表

变量	1	2	3	4	5	6
	选择方程	决策方程	选择方程	决策方程	—	—
观测值	10716		10716		133	133
Mills lambda	−2.802 (1.840)				0.3624	
Wald 统计量			2.49			
R²						0.3753

注: 括号内为国家层面聚类稳健标准误; *、**、*** 分别表示显著性水平在 10%、5%、1% 以下。

东道国金融发展对行业平均投资金额的影响中是否存在融资效应, 对此问题的检验结果见表 6-6 中第 2 列和第 4 列。可以看到, 无论是在高经济发展水平的东道国还是低经济发展水平的东道国, 金融发展都未通过融资效应促进中国企业平均投资规模扩大。相反, 由于金融发展与经济发展水平的交互项的系数为负, 虽然统计上不显著, 但是在经济意义上是重要的, 表明就投资金额而言, 金融发展可能对中国企业的海外投资规模产生抑制作用。由于金融发展与经济发展的交互项同样不显著, 因此本书认为就行业平均投资规模而言也存在其他因素, 可能改变金融发展影响投资金额的方向或者程度。本书将在稳健性检验中对这一问题进行进一步讨论。

二、稳健性检验

跨国企业在东道国的投资可能影响东道国的金融发展。当某一行业的投资活动增加有可能增加东道国在该行业内的融资规模, 进而改变东道国整体融资规模。在上述的基准检验中被解释变量均为行业层面数据, 可能导致对外直接投资反向影响东道国金融发展而产生内生性问题, 进而使估计结果出现偏误。为避免这种反向因果关系的影响, 本部分使用金融发展的另一指标进行稳健性检验, 即东道国金融发展质量指标 *LR_CII*, 结果见表 6-7。采用新的金融发展指标控制东道国金融发展的内生性后，估计结果与基准检验结果一致①。

表 6 - 7　　　　　　　　　基于东道国金融法规质量的稳健性

变量	1	2	3	4	5	6
	if_OFDI	N_OFDI	V_OFDI	if_OFDI	N_OFDI	V_OFDI
LR_CII	0.034 (0.121)	0.040 (0.118)	0.101 (0.373)	- 0.027 (0.122)	- 0.019 (0.120)	- 0.222 (0.623)
LR_CII × Hincome	0.313 *** (0.096)	0.301 *** (0.095)	- 0.060 (0.241)	0.471 *** (0.098)	0.357 *** (0.098)	0.249 (0.494)
LR_CII × EFD				0.074 *** (0.025)	0.072 *** (0.025)	0.291 (0.404)
LR_CII × EFD × Hincome				- 0.069 *** (0.027)	- 0.066 ** (0.026)	- 0.298 (0.404)
MP	0.253 *** (0.093)	0.257 *** (0.092)	- 0.185 (0.246)	0.252 *** (0.093)	0.256 *** (0.092)	- 0.163 (0.259)
GDPP	0.771 *** (0.300)	0.796 *** (0.311)	0.273 (0.670)	0.772 *** (0.300)	0.797 ** (0.312)	0.228 (0.678)
Time	- 0.022 * (0.012)	- 0.023 * (0.013)	- 0.051 ** (0.022)	- 0.022 * (0.012)	- 0.022 * (0.013)	- 0.047 ** (0.019)
Cost	0.018 (0.013)	0.021 (0.013)	0.046 * (0.027)	0.018 (0.013)	0.021 (0.013)	0.027 (0.026)
Gov	- 0.047 *** (0.013)	- 0.046 *** (0.013)	0.028 (0.031)	- 0.047 *** (0.013)	- 0.046 *** (0.013)	0.023 (0.033)
Profit_tax	- 0.003 (0.012)	- 0.005 (0.014)	0.009 (0.017)	- 0.003 (0.012)	- 0.005 (0.014)	0.008 (0.018)
Dis	0.485 (0.383)	0.523 (0.388)	0.152 (0.798)	0.485 (0.384)	0.522 (0.389)	0.160 (0.820)

---

①　在投资次数的检验中，本书还使用了负二项回归，结果与泊松回归结果一致。在投资平均金额的检验中，本书还使用了 Heckman 两阶段方法，与基准检验中一样 Wald 统计量以及逆米尔斯比率的统计结果均表明无须进行样本选择偏误矫正。因此，本书仅报告泊松回归和 OLS 回归结果。

续表

变量	1	2	3	4	5	6
	if_OFDI	N_OFDI	V_OFDI	if_OFDI	N_OFDI	V_OFDI
Tar	−0.061 (0.070)	−0.066 (0.073)	0.336*** (0.124)	−0.060 (0.070)	−0.065 (0.074)	0.322** (0.120)
常数项	−19.1*** (4.484)	−19.6*** (4.407)	2.845 (7.726)	−19.1*** (4.482)	−19.7*** (4.404)	3.682 (7.338)
行业、年份固定效应	YES	YES	YES	YES	YES	YES
年份固定效应	YES	YES	YES	YES	YES	YES
观测值	11148	11148	155	11148	11148	155
R^2	0.1383	0.1464	0.3166	0.1404	0.1485	0.3226

注：括号内为国家层面聚类稳健标准误；*、**、***分别表示显著性水平在10%、5%、1%以下。

东道国在进行金融体制改革的同时，还可能进行其他更广泛范围内的改革或者制度建设，这些因素很可能是无法观测到的，并可能影响金融体制改革。对此，本书在进一步稳健性检验中增加东道国投资者保护力度和契约执行费用，以及随时间变化的东道国国家固定效应，该固定效应将会包含其他不可观测和可观测的东道国特征，从而避免遗漏变量对估计结果的影响。投资者保护力度（Inv_protect）和契约执行成本（Contract_enforce）指标来源于世界银行世界发展指数（WDI）。其中，投资者保护力度（strenth of investor protection index）取值在0~10之间，取值越高表明该国对投资者的保护程度越高。投资者保护力度指数并非每年都有统计，2013~2015年数据较为全面，而且各年之间变化极小。因此，本书采用2013~2015年均值作为东道国投资者保护力度指标。契约执行成本为执行契约所花费用占契约金额的百分比，费用越高表明契约执行难度越大，表明东道国的营商环境越差。估计结果见表6-8。

表 6 – 8　　　　基于东道国投资人保护力度和契约成本的稳健性检验

变量		1	2	3	4	5	6
		if_OFDI	N_OFDI	V_OFDI	If_OFDI	N_OFDI	V_OFDI
FD × Hincome	0	0.380 (0.491)	0.353 (0.528)	−0.366 (0.887)			
	1	0.773 * (0.461)	0.752 (0.493)	−0.450 (0.879)			
FD × EFD × Hincome	0				0.046 * (0.025)	0.044 * (0.024)	0.203 (0.335)
	1				0.009 (0.008)	0.011 (0.008)	−0.015 ** (0.007)
MP		0.257 ** (0.124)	0.272 ** (0.128)	0.207 (0.275)	0.298 ** (0.124)	0.311 *** (0.118)	0.152 (0.247)
GDPP		0.473 (0.290)	0.499 * (0.298)	0.049 (0.638)	0.839 *** (0.266)	0.873 *** (0.271)	0.179 (0.610)
Time		−0.030 ** (0.015)	−0.030 * (0.016)	−0.070 ** (0.026)	−0.041 ** (0.017)	−0.042 ** (0.018)	−0.061 *** (0.019)
Cost		0.003 (0.014)	0.003 (0.014)	0.059 (0.038)	0.022 * (0.012)	0.023 * (0.012)	0.050 * (0.027)
Gov		−0.029 ** (0.015)	−0.029 ** (0.015)	0.024 (0.033)	−0.005 (0.012)	−0.005 (0.012)	0.017 (0.021)
Rrofit_tax		0.004 (0.010)	0.004 (0.010)	−0.027 (0.023)	0.002 (0.010)	0.002 (0.009)	−0.025 (0.023)
Dis		0.756 * (0.408)	0.788 ** (0.390)	1.304 * (0.795)	0.700 (0.448)	0.749 * (0.415)	1.199 * (0.704)
Tar		0.058 (0.090)	0.053 (0.098)	0.185 (0.117)	0.012 (0.065)	0.009 (0.069)	0.214 * (0.109)
Inv_protect		−0.246 (0.167)	−0.268 (0.167)	0.117 (0.366)	−0.304 (0.202)	−0.327 (0.201)	0.122 (0.329)

续表

变量	1	2	3	4	5	6
	if_OFDI	*N_OFDI*	*V_OFDI*	*If_OFDI*	*N_OFDI*	*V_OFDI*
Contract_enforce	0.008 (0.013)	0.008 (0.015)	− 0.015 (0.030)	0.005 (0.013)	0.005 (0.014)	− 0.020 (0.034)
常数项	− 20.6 *** (5.284)	− 21.2 *** (4.964)	− 5.400 (9.976)	− 22.8 *** (6.479)	− 20.7 *** (6.086)	− 6.530 (9.376)
东道国、年份固定效应	YES	YES	YES	YES	YES	YES
行业、年份固定效应	YES	YES	YES	YES	YES	YES
年份固定效应	YES	YES	YES	YES	YES	YES
观测值	10731	10731	133	10731	10731	133
R^2	0.1247	0.1320	0.3928	0.1176	0.1251	0.3975

注：括号内为国家层面聚类稳健标准误；＊、＊＊、＊＊＊分别表示显著性水平在10%、5%、1%以下。

表6-8中第1列和第4列报告了被解释变量为是否投资时的估计结果。以第1列为例，0表示在低经济发展水平国家，此时金融发展的估计系数为0.380，但是不显著；1表示在高经济发展水平东道国，此时金融发展的估计系数为0.773，在10%水平下显著。这表明在低经济发展水平的东道国，金融发展并未显著地促进行业层面中国企业的参与投资活动的概率，但是在高经济发展水平的东道国，金融发展则显著地促进了投资概率。与表6-2中第6列中的基准检验结果不同，此处系数0.773在10%水平下显著直观地反映了在高经济发展水平的东道国金融发展对中国企业行业层面投资概率的影响。类似地，在第4列中，在低经济发展水平国家，对融资效应的检验发现，东道国金融发展通过提高资金可获得性对投资概率产生了显著的正向影响，但是在高经济发展水平的东道国虽然系数为正0.009，但是并不显著，因此，在高经济发展水平的国家融资效应并不显著，这与表6-3第6列中的基准检验结果是一致的。不同的是，在表6-3第6列中只能看到在低经济发展水平的东道国金融发展产生了显著的融资效应，在高经济发展水平东道国融资效应显著降低。从对是否投资检验结果来看，在控制了东道国投资人保护力度、契约执行成本以及其他东道国特征后检验结果是稳健的。

表6-8中第2列和第5列是被解释变量为投资次数的估计结果。首先，就金融发展的整体影响而言，第2列中的检验结果当东道国为高经济发展水平国家时，交互项的系数为0.752，没有通过显著性检验。在表6-4的基准检验中，高经济发展水平国家中金融发展对投资次数的提升作用显著高于在低经济发展水平国家。从第5列的结果看，融资效应在高经济发展水平国家并不显著，与表6-5中第1列和第2列的基准检验结果一致。因此，此处增加控制变量和国家年份固定效应后的检验结果表明，表6-4基准检验结果中观察到的在高经济发展水平东道国中金融发展对投资次数的促进作用很可能来源于其他因素，这些因素强化了在高经济发展水平国家金融发展对投资的吸引力。

表6-8中第3列和第6列为行业年平均投资金额的检验结果。在第3列中无论是低经济发展水平东道国还是高经济发展水平的东道国，交互项的系数均不显著，与表6-6中第6列的基准检验结果一致，表明在不同经济发展水平的东道国中金融发展对行业年平均投资金额没有产生显著的提升作用。表6-8第6列中对融资效应的检验结果却显示，金融发展、行业外部融资依赖度和经济发展水平三者的交互项的结果不同于表6-5中第3列的基准检验。在基准检验中无论在低经济发展水平东道国还是高经济发展水平东道国金融发展在投资金额方面的融资效应均不显著。但是，表6-8中的结果显示三者交互项在高经济发展水平国家中显著为负，意味着在高经济发展水平东道国外部融资依赖度高的行业更难扩大投资的平均规模，或者说平均投资规模较小。

整体来看，增加控制变量和国家年份固定效应后，东道国金融发展对中国企业是否会在该国投资的影响依然是稳健的，但是行业投资次数和平均投资金额会受到基准模型所包含的控制变量以外的因素的影响。

三、基于投资动机的扩展检验

上文中基准检验和稳健性检验的结果都表明，在经济发展水平高的东道国，金融发展对中国企业的投资具有显著的促进作用，主要表现在促进行业投资概率和投资次数的提升方面，对行业平均投资金额的影响并不显著。基准检验的结果突出了两个问题，首先，在高经济发展水平的东道国，融资效应显著低于在低经济发展水平的东道国，甚至可能是不显著的。融资效应的发挥是否受到其他因素的干扰从而没有被很好地识别？其次，如果通过行业外部融资依赖度可以很好地识别融资效应，证明在高经济发展水平的东道国金融发展确实未能发挥融资效应，或者作用很小，那么使得这些东道国金融发展对中国投资产生显著促进作用的原因是什么？为解答这些问题，本部分从东道国其他特征出发进行进一步分析和检验，因为有大量的研究表明东道国的其他特征是影响企业投资决策的重要因素（项本武，2009；刘莉亚等，2016）。例如，刘青等（2017）研究表明中国企业海外并购中存在强烈的市场寻求、自然资源寻求和战略性资产寻求动机，企业对风险的敏感性较低，但对交易成本的敏感性较高[①]。东道国的金融发展程度和融资成本会对交易成本产生影响，企业在各种并购动机的实现过程中对融资成本的反应是怎样的值得关注。因此，本部分将从东道国的技术水平（Patent）、贸易开放度（Tradeopen）、国内市场规模（lnGDPH）以及自然资源禀赋（lnEXPNR）四个方面考察金融发展对中国企业投资活动影响。这些特征构成了东道国对不同动机企业的吸引力，如果企业被某一特征强烈吸引，便可能有更强烈的动力克服该国在金融发展方面的不足实施对外直接投资。或者当该国金融发展只有轻微的改善或者优于其他东道国时，这种变化会被企业的动机所强化。东道国技术发展水平采用东道国的专利数进行衡量，专利越多的国家通常技术水平也越先进，对于研发或者技术密集型企业进行并购的吸引力越大（蒋冠宏、蒋殿春，2017；蒋冠宏，2017）。东道国的贸易开放度采用该国进出口总额占 GDP 的比重衡量，东道国国内市场规模使用东道国 GDP 衡量，自然资源禀赋采用资源出口占 GDP 的比重衡量。

表 6-9 中报告了东道国技术发展水平和贸易开放度对金融发展作用的调节效应。表 6-9 中第 1~3 列为东道国技术发展水平影响的检验结果。可以看到，就是否投资和投资次数而言，金融发展、技术水平和经济发展水平的交互项系数显著为正，表明在高经济发展水平的东道国技术水平越高，金融发展对中国企业投资的吸引力越强。此时，金融发展与经济发展水平的交互

---

① 在中国由国有部门主导的、青睐资源富饶的发展中国家的投资模式正在改变，民营企业在国际扩展方面日益活跃，开拓新市场、获取新品牌和技术成为海外投资的主要动机，使得以美国为代表的发达经济体成为中国企业为了海外投资的重要目的地。参见经济学人智库（Economist Intelligence Unit，EIU）"2013 年中国海外投资指数报告"。

项不再显著①。这表明在基准检验结果中观察到的现象，即高经济发展水平东道国中金融发展的正效应显著大于低经济发展水平东道国，其中部分原因在于高经济发展水平东道国拥有更多先进的技术资源。换句话说，发达国家的先进技术是中国企业想要通过对外直接投资获得的重要内容，当其他条件相同时，拥有更多先进技术和创新能力能够强化金融发展的作用。这是因为当东道国缺乏技术和创新资源时，从根本上便无法满足进行技术寻求型对外直接投资的目的。只有满足投资的目标需求时，融资条件的优势才能成为促进企业投资的动力。

表6-9　　　　　　基于东道国技术水平和贸易开放度的扩展检验

变量	1	2	3	4	5	6
	If_OFDI	*N_OFDI*	*V_OFDI*	*If_OFDI*	*N_OFDI*	*V_OFDI*
FD	-0.975 (0.603)	-0.874 (0.629)	-0.812 (1.143)	-1.793 * (0.969)	-1.965 * (1.024)	-2.169 (2.084)
FD × Hincome	0.151 (0.533)	0.145 (0.538)	0.845 (0.807)	3.032 *** (0.790)	3.101 *** (0.805)	1.927 (1.568)
FD × EFD	0.124 *** (0.043)	0.123 *** (0.043)	0.328 (0.706)	0.121 ** (0.051)	0.119 ** (0.051)	0.031 (0.234)
FD × EFD × Hincome	-0.116 *** (0.045)	-0.114 *** (0.044)	-0.348 (0.707)	-0.116 ** (0.053)	-0.113 ** (0.053)	-0.052 (0.234)
FD × Patent × Hincome	0.081 *** (0.015)	0.093 *** (0.012)	-0.038 (0.044)			
FD × Tradeopen × Hincome				-0.314 *** (0.055)ᵃ	-0.303 *** (0.052)	-0.136 (0.096)
MP	0.063 (0.103)	0.065 (0.108)	0.222 (0.337)	0.209 ** (0.094)	0.217 ** (0.101)	0.211 (0.270)

---

① 在表6-9和表6-10的估计中本书均控制了东道国年份固定效应，以消除其他可能遗漏的可观测以及不可观测的因素对投资决策的影响。对于这两个表中的检验结果而言，在不控制东道国年份固定效应时，仍可以得到一致的估计结果。

变量	1	2	3	4	5	6
	If_OFDI	*N_OFDI*	*V_OFDI*	*If_OFDI*	*N_OFDI*	*V_OFDI*
GDPP	− 0. 270 (0. 393)	− 0. 325 (0. 411)	0. 461 (0. 869)	0. 010 (0. 313)	0. 049 (0. 315)	− 1. 802 ** (0. 878)
Time	− 0. 039 *** (0. 014)	− 0. 042 *** (0. 015)	− 0. 034 (0. 023)	− 0. 031 *** (0. 010)	− 0. 032 *** (0. 009)	− 0. 054 ** (0. 025)
Cost	− 0. 011 (0. 027)	− 0. 004 (0. 025)	0. 021 (0. 052)	0. 008 (0. 011)	0. 009 (0. 011)	0. 027 (0. 031)
Gov	0. 003 (0. 021)	− 0. 005 (0. 019)	0. 043 (0. 030)	− 0. 005 (0. 014)	− 0. 007 *** (0. 014)	0. 080 ** (0. 039)
Profit_tax	− 0. 004 (0. 010)	− 0. 010 (0. 009)	− 0. 018 (0. 026)	− 0. 004 (0. 006)	− 0. 004 (0. 06)	− 0. 027 (0. 024)
Dis	0. 577 * (0. 303)	0. 704 ** (0. 315)	0. 991 (0. 692)	0. 695 *** (0. 251)	0. 723 *** (0. 264)	1. 566 ** (0. 681)
Tar	− 0. 084 (0. 122)	− 0. 120 (0. 111)	0. 471 ** (0. 226)	0. 012 (0. 053)	0. 001 (0. 057)	0. 190 (0. 117)
常数项	− 7. 407 * (3. 960)	− 7. 510 * (4. 176)	− 10. 245 (15. 366)	− 13. 4 *** (3. 480)	− 13. 6 *** (3. 528)	10. 402 (7. 278)
控制固定效应	东道国、年份固定效应，行业、年份固定效应，年份固定效应					
观测值	9653	9651	125	9399	9399	95
R^2	0. 1466	0. 1579	0. 4171	0. 1585	0. 1601	0. 5012

注：括号内为国家层面聚类稳健标准误；＊、＊＊、＊＊＊分别表示显著性水平在10%、5%、1%以下。a. 在是否投资检验中，贸易开放度在低经济发展水平的国家的系数为0.251，显著性水平为10%；在投资次数的检验中该项的系数为0.270，显著性水平为10%。

表6 – 9 中第4～6 列为基于东道国贸易开放度的检验结果。在是否投资和投资次数的检验结果中有三点值得注意。第一，金融发展的估计系数显著为负，即 – 1.793，表明在低经济发展水平东道国，金融发展对投资活动产生了抑制作用。换句话说，在低经济发展水平的东道国，金融发展产生了显著的负向的竞争效应，当地企业在本国融资环境改善的情况下，更容易进入市

场，与中国企业形成竞争关系，对中国企业的投资产生挤出效应。第二，金融发展系数的这种变化源于检验中金融发展、贸易开放度和经济发展水平三者交互项的加入。表6-9中没有报告在低经济发展水平东道国，金融发展与贸易开放度交互项的估计系数，该系数为正向0.251，在10%水平下显著。这表明在低经济发展水平东道国，贸易开放度会产生两方面的影响，一方面，贸易开放度增强意味着在这些国家从事国际贸易的成本降低，出口平台型的对外直接投资活动受到激励。如果此时东道国的金融环境改善或者优于其他东道国，出口平台型投资活动可能从中受益，投资动机会得到进一步的激励。另一方面，东道国金融发展水平改善也会改善当地企业的出口条件，与出口平台型对外直接投资形成竞争关系。因此，考虑到贸易开放度后在低经济发展水平的东道国金融发展产生的效应变为负，但却可以激励对外直接投资活动。第三，与低经济发展水平东道国的情形相反，在高经济发展水平的东道国，贸易开放不但没有强化金融发展的正向作用，反而使之削弱，表现在金融发展、贸易开放度和经济发展水平三者交互项的系数为负向显著。此时，金融发展与经济发展水平的交互项的系数依然为正向显著，而且比基准检验中的估计值更大。这是因为以出口为目的对外直接投资是为了在全球配置资源，利用东道国相对廉价的要素。高经济发展水平东道国的各种要素成本均相对昂贵，并非最优的投资目的地。当这些国家贸易开放度较低时，通过贸易方式满足当地市场需求的成本很可能较高，向其进行直接投资可以减少贸易成本，规避贸易壁垒。此时，较好的融资环境会对对外直接投资企业产生吸引力。反之，贸易开放度提高后，贸易壁垒减少，通过贸易方式满足当地市场的成本下降，从而降低了对外直接投资的吸引力，当地金融发展对投资活动的影响也相应下降。

表6-10中第1~3列报告东道国市场规模对金融发展作用的调节效应。估计结果显示，东道国金融发展、市场规模和经济发展水平三者交互项的系数在是否投资和投资次数的检验总显著为正。与此同时，金融发展与经济发展水平的交互项的系数显著为负。这表明在高经济发展水平的东道国，市场规模是吸引中国企业投资的重要因素。在这些国家金融发展水平通常较高，相对中国企业，当地企业拥有极大的优势，例如，当地企业面临更小的信息不对称，更容易从金融市场上获得融资。发达国家的企业整体竞争力也会强于发展中国家，更容易成为金融市场优质的融资者，这也使得中国企业

在当地金融市场上处于劣势。因此，在经济发展水平远高于中国的东道国，金融发展带来的竞争效应会更强。但是由于这些国家同时拥有巨大的市场机会，中国企业有很强的动力知难而上。在其他条件相同时，更大市场规模为企业提供了更多的市场机会，从而弥补企业在融资上的劣势。

表6-10　　　　基于东道国市场规模和自然资源禀赋的扩展检验

变量	1	2	3	4	5	6
	If_OFDI	*N_OFDI*	*V_OFDI*	*If_OFDI*	*N_OFDI*	*V_OFDI*
FD	-0.143 (1.478)	-0.239 (1.466)	-2.668 (2.289)	0.179 (1.496)	0.263 (1.521)	-1.513 (3.280)
FD × *Hincome*	-3.474 ** (1.466)	-3.540 ** (1.451)	2.705 (1.897)	-2.163 (1.625)	-2.326 (1.650)	0.663 (3.193)
FD × *EFD*	0.133 *** (0.041)	0.133 *** (0.041)	0.423 (0.675)	0.132 *** (0.041)	0.131 *** (0.040)	0.601 (0.657)
FD × *EFD* × *Hincome*	-0.125 *** (0.043)	-0.123 *** (0.043)	-0.441 (0.676)	-0.124 *** (0.042)	-0.122 *** (0.042)	-0.619 (0.658)
FD × ln*GDPH* × *Hincome*	0.136 *** (0.019)	0.140 *** (0.019)	-0.015 (0.057)			
FD × ln*EXPNR* × *Hincome*				0.103 *** (0.034)	0.105 *** (0.033)	0.014 (0.047)
MP	0.042 (0.070)	0.035 (0.070)	0.193 (0.343)	0.204 ** (0.090)	0.213 ** (0.089)	0.189 (0.273)
GDPP	0.165 (0.286)	0.191 (0.289)	-0.008 (0.674)	0.186 (0.460)	0.214 (0.462)	-0.552 (0.699)
Time	-0.025 ** (0.011)	-0.025 ** (0.011)	-0.066 *** (0.020)	-0.013 (0.013)	-0.012 (0.013)	-0.064 ** (0.025)
Cost	0.006 (0.012)	0.008 (0.012)	0.037 (0.037)	-0.004 (0.014)	-0.003 (0.014)	0.027 (0.038)
Gov	-0.013 (0.015)	-0.013 (0.015)	0.018 (0.039)	-0.036 * (0.019)	-0.036 *** (0.019)	0.011 (0.043)

变量	1	2	3	4	5	6
	If_OFDI	N_OFDI	V_OFDI	If_OFDI	N_OFDI	V_OFDI
Profit_tax	-0.009 (0.009)	-0.009 (0.009)	-0.026 (0.022)	-0.004 (0.010)	-0.003 (0.010)	-0.029 (0.022)
Dis	0.204 (0.175)	0.177** (0.172)	1.151 (0.815)	0.543* (0.307)	0.548*** (0.295)	1.0667 (0.701)
Tar	0.001 (0.071)	-0.005 (0.073)	0.199* (0.114)	-0.050 (0.080)	-0.062 (0.083)	0.130 (0.123)
常数项	-8.27*** (3.070)	-7.91* (3.078)	-2.49 (13.124)	-14.3*** (4.988)	-14.6*** (4.904)	0.294 (10.471)
控制固定效应	东道国、年份固定效应，行业、年份固定效应，年份固定效应					
观测值	10731	10731	133	10731	10731	133
R²	0.1540	0.1624	0.4077	0.1417	0.1492	0.4044

注：括号内为国家层面聚类稳健标准误；*、**、***分别表示显著性水平在10%、5%、1%以下。

表6-10第4~6列为基于东道国自然资源禀赋的检验结果。同样的，在是否投资和投资次数的检验结果中，金融发展、资源禀赋和经济发展水平三者的交互项的系数显著为正，表明企业在资源寻求动机的驱使下更加青睐资源丰富的东道国，在满足了投资动机需求的情况下，东道国金融发展对企业的投资决策会产生显著的影响。

表6-9和表6-10中所有关于投资平均金额的检验结果均不显著，表明这些因素在投资规模方面对金融发展影响的调节作用并不显著。同时需要指出的是，在考虑了这些因素的影响后，融资效应的检验结果始终与基准检验结果一致。这也再次表明在低经济发展水平的东道国，金融发展存在显著的融资效应；在高经济发展水平的东道国，融资效应并不显著，而且融资效应未能发挥作用与东道国的市场规模、贸易开放度、技术水平以及自然资源禀赋无关。换句话说，这些因素会改变高经济发展水平东道国金融发展对投资活动的吸引程度，但并不影响融资效应的大小。

四、对低经济发展水平东道国的进一步分析

在前面确定东道国经济发展水平划分标准时，本书发现部分东道国的人均 GDP 高于中国，但是与其他人均 GDP 小于中国的国家相比，金融发展水平却较低。为避免这部分东道国金融发展与其经济发展水平的不对称性影响估计结果，在前面的分析中将这些国家纳入低经济发展水平组。虽然这些国家的人均 GDP 高于中国，但是同中国一样属于中高收入水平。在高收入国家中国企业的平均竞争力可能低于当地企业，无论从参与市场竞争还是获取融资角度讲都可能处于劣势。但是在经济发展水平与中国相当的东道国，中国企业与当地企业的竞争很可能旗鼓相当，在经济发展水平低于中国的东道国，中国企业在融资和参与市场竞争方面则可能享有较大的优势。在低经济发展水平东道国中，人均 GDP 高于中国的国家和低于中国的国家，金融发展带来的融资效应是否存在差异，在基准检验中观察到的融资效应是否主要来自人均 GDP 低于中国的国家，以及金融发展的效应并不显著是否受到经济发展水平划分的影响，这些问题需要进一步分析。

本部分则正对上述问题展开研究，将低经济发展水平组的东道国进一步划分为两组。如此一来，所有样本东道国被归入三个组别，为了与基准检验中的组别划分进行区别，将这三个组分别命名为高收入国家，即基准检验中的高经济发展东道国，用 $HOST = 1$ 表示；中等收入国家，即人均 GDP 高于中国，低于高收入国家的东道国，用 $HOST = 2$ 表示；人均 GDP 低于中国的东道国为低收入国家，用 $HOST = 3$ 表示。

在考察三组东道国中金融发展是否会提高投资概率时，本书采用了多项式选择模型，即以某个行业没有投资活动发生为基准，检验东道国金融发展水平变化后投资发生的概率有何种变化，结果见表 6 - 11。表 6 - 11 第 1 列中，当东道国为高收入国家时金融发展水平及其与行业外部融资依赖度交互项的系数虽然都为正，但是均不显著。这表明高收入国家金融发展水平提高后，投资的概率并没有显著提高，而且对于外部融资依赖度较高的行业而言，投资活动也从金融发展中显著受益。第 2 列为中等收入东道国的检验结果，其中金融发展水平的估计系数显著为负，金融发展水平与行业外部融资依赖度交互项的系数显著为正，说明在中等收入国家，金融发展水平提升虽然可

以改善企业的融资条件，但是与此同时带来的当地企业的竞争力增加，使得中国企业投资概率不升反降。第 3 列中为低收入国家组的检验结果，金融发展水平及其与行业外部融资依赖度的交互项的吸收均显著为正，表明在低收入国家，金融发展水平提高不但改善了融资环境，而且产生的当地企业的竞争效应也相对较小，中国企业在这类国家投资具有很强的竞争优势。

表 6 - 11　　　　　　对低经济发展水平国家的进一步细分检验

变量	1	2	3
	$HOST = 1$	$HOST = 2$	$HOST = 3$
FD	0.915 (0.825)	- 4.707 *** (1.642)	2.787 *** (0.975)
$FD \times EFD$	0.011 (0.007)	0.117 * (0.060)	0.066 * (0.039)
MP	0.346 *** (0.132)	0.743 *** (0.236)	- 0.222 ** (0.099)
GDPP	1.026 * (0.582)	3.339 *** (0.879)	- 1.501 *** (0.436)
Time	- 0.039 * (0.022)	- 0.191 *** (0.067)	- 0.001 (0.018)
Cost	0.024 (0.021)	0.048 (0.060)	0.016 (0.020)
Gov	- 0.006 (0.027)	- 0.107 *** (0.032)	- 0.118 ** (0.057)
Profit_tax	0.019 (0.020)	- 0.040 ** (0.017)	- 0.006 (0.041)
Dis	0.950 ** (0.430)	2.042 *** (0.756)	- 2.725 ** (1.142)
Tar	- 0.139 (0.158)	0.063 (0.129)	0.234 (0.151)

续表

变量	1	2	3
	$HOST=1$	$HOST=2$	$HOST=3$
常数项	−34.3*** (7.040)	−43.7*** (8.501)	24.0*** (9.036)
东道国、年份固定效应	YES		
行业、年份固定效应	YES		
年份固定效应	YES		
观测值	10731		
R^2	0.2050		

注：括号内为国家层面聚类稳健标准误；*、**、*** 分别表示显著性水平在10%、5%、1%以下。

综合来看，依然可以得到的结论是，如果将中等收入国家和低收入国家作为一个整体进行考察，金融发展对中国企业的投资活动而言可以发挥正向的融资效应。就金融发展的效应而言，由于在中等收入国家竞争效应很强，可能抵消在低收入国家的正向效应，因此，在基准检验中，低经济发展水平东道国金融发展的效应不显著源于中等收入国家较强的负效应对投资活动的抑制。由此可以看到，在经济发展水平与中国接近的国家，中国企业的对外直接投资活动将面临较高的挑战，要想从当地金融发展中多多受益，企业首先需要增强自身的竞争优势与当地企业展开竞争。在低收入水平的东道国，中国企业具有优先于当地企业的竞争力，能够从当地金融发展中受益更多。在高收入水平的东道国，中国企业较难从金融发展中受益，促进投资活动。因此，一方面，要提高自身竞争力，缩小与当地企业的差距，提高企业在当地的知名度；另一方面，则需要快速地融合进东道国的经济社会生活，进行本土化经营，从而分享金融发展带来的益处。

第三节　本章小结

本章主要考察的问题是在不同经济发展水平的东道国，金融发展水平对中国企业的对外直接投资活动是否具有差异性的影响。具体而言，本章从以下几个方面对该问题进行了细致的研究。第一，在不同经济发展水平的东道国，金融发展水平对投资活动的影响存在怎样的差异；第二，东道国金融发展水平是否通过融资效应促进中国企业投资，在不同金融发展水平的东道国，融资效应是否存在差异；第三，在不同经济发展水平的东道国，金融发展水平对投资活动的影响是否受到东道国其他特征的影响，从而改变影响的方向和强度。第四，不同的经济发展水平划分方式是否得到一致的结论。以上研究对中国企业对外直接投资中的区位选择提供新的决策视角。

本章研究的主要结论包括以下几点：第一，在不同经济发展水平的东道国，金融发展水平对中国企业对外直接投资的影响是异质性的。金融发展水平并不必然促进中国企业投资，因此，笼统地认为金融发展水平促进中国企业对外直接投资的观点可能导致错误的投资决策和区位选择。第二，东道国金融发展水平产生的融资效应主要发生在低经济发展水平的东道国，在高经济发展水平的东道国融资效应并不显著。因此，仅从融资的角度讲，低经济发展水平的东道国是中国企业对外直接投资中区位选择的重点。第三，经济发展水平高于中国但是低于高收入国家的东道国中，金融发展水平的影响较为复杂。在这些国家中金融发展水平既可以通过融资效应促进中国企业投资，但是金融发展水平会强化当地企业的竞争力，使中国企业面临较强的竞争。第四，在高经济发展水平的东道国，巨大的市场规模、先进的技术以及丰富的自然资源都可能强化金融发展对中国企业的吸引力，但是贸易开放度的提高会使这些国家的吸引力下降。

整体而言，虽然在高经济发展水平的东道国，金融发展水平没有发挥显著的融资效应，但是由于这些国家本身具有良好的融资环境，随着企业融入当地经济，竞争力不断提高，未来可能分享良好融资环境所带来的益处。在经济发展水平低于中国的东道国，无论从融资还是市场竞争角度中国企业处于竞争优势地位。在经济发展水平与中国近似的东道国，中国企业会面临有力的竞争，金融发展水平带来的益处可能无法抵消当地企业带来的竞争。因此，从区位角度讲，在东道国满足投资目的的条件下，融资约束较紧的企业更适宜选择经济发展水平低于中国的东道国，融资约束轻的企业选择经济发展水平与中国近似或者高收入水平的东道国。

第七章

东道国资本管制对中国企业对外
直接投资的影响研究

第一节　计量模型设定与变量构建

一、扩展边际的计量模型设定

为考察东道国资本管制对中国企业对外投资扩展边际的影响，本书设定如下计量模型：

$$OFDI_{jt} = \alpha + \beta Fin\_open_{jt} + \Gamma X + \varphi_t + \varphi_j + \varepsilon_{jt}$$

$$(7-1)$$

其中，$OFDI_{jt}$ 表示在 t 年中国企业在国家 j 对外直接投资的扩展边际，Fin_open 表示东道国的资本管制水平，系数 β 的符号和大小反映东道国资本管制松紧度对中国企业对外直接投资的影响方向和大小。X 为控制变量，φ_t、φ_j 和 ε_{jt} 分别为年份固定效应、国家固定效应和随机扰动项。

本书采用两种方法来定义对外直接投资的扩展边际。方法一，如果在第 t 年中国企业在国家 j

至少有一次直接投资，则 *OFDI* 取值为 1，反之为 0，采用 Logit 回归进行估计。方法二，借鉴德博尔德和魏（Desbordes & Wei，2017）的做法，以 *t* 年中国企业在国家 *j* 的投资次数作为扩展边际，相应的估计方法为计数模型。

二、集约边际的计量模型设定

测度对外直接投资集约边际的常用方法有两类。一类是使用跨国企业海外子公司的销售数据（Buch et al.，2014；Bilir et al.，2017），另一类是使用对外直接投资项目的规模。考虑到数据可得性，本书借鉴德博尔德和魏（Desbordes & Wei，2017）的做法，使用中国企业对外直接投资项目的平均规模作为集约边际的指标。为避免估计过程中可能存在的选择性偏误，计量模型设定选择 Heckman 两阶段选择模型，具体设定如下：

$$\Pr(OFDI_{jt}=1)=\Phi(\beta Fin\_open_{jt}+\Gamma X_{jt}+\varphi_t+\varphi_j+\varepsilon_{jt}) \quad (7-2)$$

$$OFDIV_{jt}=\delta Fin\_open_{jt}+\Gamma X_{jt}+\varphi_t+\varphi_j+\lambda_{jt}+\mu_{jt} \quad (7-3)$$

其中，$OFDIV_{jt}$ 表示在 *t* 年中国企业在国家 *j* 投资项目的平均交易金额。

方程（7-2）为选择模型，其中 *Fin_open* 为东道国的资本管制水平、*X* 为控制变量。Heckman 两阶段选择模型要求选择方程中至少有一个解释变量不出现在结果方程中，因此，选择方程（7-2）中比结果方程（7-3）增加了双边距离作为控制变量，这是因为双边距离的远近可能会影响母公司管理和监督子公司的成本，企业在决定是否投资时会考虑双边距离的影响。方程（7-3）为修正的 Heckman 两阶段选择模型的第二阶段，即对外直接投资的集约边际。方程中加入了逆米尔斯比率（λ_{jt}）来克服自样本选择性偏误，其值由方程（7-2）估计得到。如果 λ_{jt} 的估计结果显著不为 0，表明存在样本选择偏误，使用 Heckman 两阶段估计方法进行修正是恰当有效的；反之，则不存在样本选择偏误。

三、变量选择与指标构建

（一）东道国资本管制（*Fin_open*）

金和伊藤（Chinn & Ito，2008）设计了衡量各国资本管制程度的 *KAOPEN*

指数，本书所使用的是金和伊藤更新至 2015 年的 KAOPEN 指数。该指数是基于国际货币基金组（IMF）在《汇率安排与汇兑限制年报》中公布的跨境金融交易限制二值虚拟变量的基础上构建而成，具体包括：是否存在多重汇率（k_1）、是否存在经常账户管制（k_2）、是否存在资本账户管制（k_3）、是否要求上缴出口收入（k_4）。分项指标为 0 时表明不存在管制。对于分项指标 k_3 "是否存在资本账户管制" 进一步处理为五年期均值，即：

$$k'_{3t} = \frac{k_{s,t} + k_{s,t-1} + k_{3,t-2} + k_{3,t-3} + k_{3,t-4}}{5}$$

KAOPEN 指数是分项指标 k_1、k_2、k'_3 和 k_4 的第一主成分，取值越高表明资本管制的程度越弱。限制国际资本流动可以通过多种渠道实现，对经常账户、汇率的管制与干预，以及贸易政策调整等都可能影响资本流动。KAOPEN 指标的优点就在于除资本账户管制以外，还包含了资本管制的其他方面，更加准确地衡量了资本管制的强度[1]。

（二）控制变量选取

根据已有的研究，控制变量主要选取了东道国的市场规模（lnGDP）、人均 GDP 增长率（$GDPPgrowth$）、通胀率（$Inflation$）、经济开放度（$Trade\_open$）、利率水平（$Intrate\_real$）、企业税率（$Profit\_tax$）以及东道国与中国的双边距离（ln$distance$）。市场寻求是企业对外直接投资的重要动机之一，本书采用东道国的 GDP 水平来反映其市场规模对中国企业的吸引力。东道国的人均 GDP 增长率用以控制工资成本的变化，并能反映东道国的人均实物和人力资本存量的变化，有助于将东道国金融发展对投资活动的影响从整体经济发展的影响中分离出来（Bilir et al.，2017）。通货膨胀水平可以反映一个国家的宏观经济状况，并影响企业的资产价值。刘莉亚等（2016）研究证实一个国家的通货膨胀水平与资本流入量之间存在负相关性。经济开放度使用一国贸易总额（出口额＋进口额）占 GDP 的比重衡量。贸易不但可以影响资本流动，而且会影响企业的投资决策。有研究发现贸易开放带来的 "熟悉效应" 会提高投资人进行跨国金融交易的意愿，在双边贸易规模较大的国家间国际银行信贷

---

[1]　金和伊藤（Chinn & Ito，2015）提供了 KAOPEN 指数原值及标准化后的 KAOPEN 指数，本书在实证分析中使用 KAOPEN 指数原值。

规模也较大（Rose & Spiegel，2002）。安特拉斯和卡巴罗列（Antràs & Caballe-ro，2009）理论上证明了在金融发展较为落后的发展中国家，贸易与资本流入间具有互补性，贸易一体化可以促进资本流入发展中国家。金和伊藤（Chinn & Ito，2006）则认为跨境商品交易自由化是资本账户自由化的前提。东道国的利率水平使用世界发展指数中的实际利率来衡量。企业税率来自世界银行 Doing Business Index。东道国与中国的双边距离来自 CEPII 中加权双边距离。

第二节　实证结果与分析

一、基准回归结果及稳健性

（一）扩展边际的检验

企业在选择对外直接投资目的国时并非随机选择。如果仅以有中国企业投资发生的东道国作为研究样本会造成选择性偏误。KAOPEN 指数是本部分实证分析的核心解释变量，因此本部分的实证样本包含了所有 KAOPEN 指数可得的国家。① 不包含中国香港、澳门和台湾，以及英属维尔京群岛、百慕大群岛、开曼群岛、新加坡，2008～2015 年有并购交易的样本国家（地区）共计 53 个。对于没有并购交易发生的样本国家（地区），扩展边际的取值全部为零。此外，资本管制的实施是针对以往的资本流动状况做出的反应，同时又会影响一国的资本流动，因此，资本管制与对外直接投资之间会互为因果，导致估计结果受到内生性的干扰。本书在估计过程中全部使用解释变量的滞后一期来减少内生性的困扰。

表 7-1 报告了东道国资本管制对中国企业对外直接投资扩展边际的影响，其中第 1、第 2 列的被解释变量为某年中国在某东道国是否至少有一次投资发生，第 3、第 4 列的被解释变量为某年中国企业在某东道国投资的总次数。第 1

---

① KAOPEN 指数缺少的国家或地区有阿富汗、荷属安的列斯群岛、安提瓜和巴布达、伊拉克、基里巴斯共和国、苏丹、索马里、瓦努阿图共和国、刚果（金）。

列提供了简化方程（7－1）的估计结果，控制了国家固定效应和年份固定效应后解释变量仅有东道国的资本管制，Logit 模型估计结果显示 *Fin_open* 的系数为 0.546，且通过了 1% 的显著性检验。在此基础上，第 2 列的估计中增加了可能影响企业决策的其他因素，检验结果显示资本管制的估计系数为 0.449，同样在 1% 水平下显著，表明在资本管制较松的国家中国企业选择投资的可能性也较高。

表 7－1 扩展边际的检验

变量	是否有至少一次投资		投资次数	
	1	2	3	4
	Logit 回归	Logit 回归	泊松回归	负二项回归
Fin_open	0.546 *** (0.070)	0.449 *** (0.161)	0.204 (0.126)	0.246 ** (0.112)
Trade_open		0.007 *** (0.003)	0.007 *** (0.001)	0.006 ** (0.002)
Intrate_real		−0.002 (0.044)	−0.017 (0.020)	−0.019 (0.021)
Profit_tax		−0.014 (0.011)	−0.018 *** (0.007)	−0.017 ** (0.007)
Inflation		−0.015 (0.037)	−0.034 (0.022)	−0.034 (0.027)
ln*GDP_host*		1.277 *** (0.139)	1.041 *** (0.086)	1.052 *** (0.079)
GDPPgrowth		0.106 * (0.053)	0.080 *** (0.024)	0.088 ** (0.037)
ln*distance*		0.071 (0.383)	0.322 ** (0.146)	0.171 (0.175)
常数项	−3.29 *** (0.333)	−37.5 *** (5.733)	−32.1 *** (2.854)	−31.1 *** (2.779)
年份、国家固定效应	YES	YES	YES	YES
观测值	821	821	821	821
Log pseudolikelihood	−372.36	−132.9	−294.7	−131.5
Pseudo R^2	0.11	0.52	0.66	0.53
Alpha				0.529 *** (0.190)

注：括号内为稳健标准误，负二项回归中为标准误。*、**、*** 分别表示显著性水平为 10%、5% 和 1%。

理论分析表明，资本管制收紧会通过提高资本成本的方式阻碍跨国企业进入东道国市场。换句话说，在资本管制较紧的国家，企业面临的融资约束会增强。融资约束条件下异质性企业对外直接投资的大量研究表明，融资约束会提高企业对外直接投资的生产率准入门槛，降低投资概率（Buch et al.，2014）。资本管制放松相当于降低企业对外直接投资的生产率门槛，使更多企业具有进入市场的机会。因此，在资本管制较松的国家，跨国企业投资的数量也应该更多，以投资次数作为扩展边际时，核心解释变量 Fin_open 的估计系数应该为正向。虽然如预期的那样，第 3 列的结果中 Fin_open 的系数为正，但是不显著。导致估计系数不显著的原因可能在于估计方法。泊松回归有一个假设条件，要求样本的方差与期望相等。投资次数却呈现"过度分散"的特征，样本方差为 1.31，样本均值为 0.274，方差是均值的 5 倍左右。即使排除那些从 2008~2015 年没有并购活动发生的东道国，样本依然存在过度分散的问题。对于这种离散程度较大的数据，本书使用负二项回归重新进行估计，结果见第 4 列。此时，东道国资本管制的估计系数为 0.246，大小与第 3 列接近，但是显著性水平提高到 5%。Alpha 统计量也在 1% 水平下显著，表明负二项回归比标准泊松回归更有效。

数据的另一特点是存在大量没有投资发生的国家和年份，因此，本书还使用零膨胀泊松回归和零膨胀负二项回归进行了检验，Vuong 统计量没有通过显著性检验，因此，书中只报告了泊松回归和负二项回归的结果。整体而言，使用不同的扩展边际度量方法得到一致的检验结果，即在资本管制较松的东道国中国企业投资的可能性更高。

（二）集约边际的检验

本书将集约边际定义为每年中国企业在东道国的平均投资规模，用投资金额来反映。中国企业在海外并购中使用的货币种类有多种，主要是美元、欧元、日元、新加坡元、英镑、人民币等。本书首先将并购金额折合为人民币后再加总平均，再取对数处理。人民币与这些货币的年度汇率来自中国银行网站。对于有并购交易发生，但并购金额或者货币单位缺失的，不进入平均投资规模的计算。

根据方程（7-2）和方程（7-3），本书使用 Heckman 两阶段选择模型对中国企业对外直接投资的集约边际进行了估计，结果见表 7-2 中的第 1、第 2 列。第 1 列为选择方程的估计结果，被解释变量为是否有投资发生；第 2 列为结果方程的估计结果，被解释变量为平均投资金额。从选择方程的估计结果与表 7-1 中的结构近似，不再累述。第 2 列中资本管制的估计系数虽然为正，但是没有通过显著性检验，表明在资本管制较松的国家和较紧的国家之间，中国企业投资的平均规模没有显著性差异，资本管制放松对提高投资规模没有明显的促进效应。另外，结果方程中用于判断是否存在样本选择偏误的 Rho 值也未通过显著性检验。

表 7-2　集约边际的检验

变量	Heckman 两阶段估计		OLS
	1	2	3
Fin_open	0.245 *** (0.095)	0.531 (0.372)	0.393 (0.390)
常数项	-20.5 *** (3.219)	-2.24 *** (8.888)	-9.69 (6.699)
年份、国家固定效应	YES	YES	YES
控制变量	YES	YES	YES
观测值	815	821	82
Log pseudolikelihood	-289.6		
$0R^2$			
ρ		-0.065 (0.199)	

注：括号内为稳健标准误，*、**、***分别表示显著性水平为10%、5%和1%。为节省空间其他控制变量估计结果省略。

稳健起见，本书采用 OLS 重新估计，结果见第 3 列。估计结果再次显示东道国的资本管制水平对中国企业的平均投资规模没有现在的影响，这与图 4-2（f）中散点图所反映的情形一致。

二、作用机制的检验：资本成本效应

针对扩展边际检验证明东道国资本管制放松可以吸引中国企业投资，增加投资数量。但是资本管制影响资本流动的渠道有多种，本书在理论分析中重点强调的资本成本和融资效应只是渠道之一。金和伊藤（Chinn & Ito, 2006）归纳了资本账户开放促进金融体系的发展的三种渠道。首先，金融自由化可以缓解金融抑制，使实际利率水平接近竞争均衡。其次，取消资本管制可以增加国内外投资人的风险投资多样性。这两个渠道都可以增加资本的可得性，降低资本成本。最后，金融开放可以提高金融机构的效率，淘汰低效率金融机构，促进金融改革。德赛等（Desai et al.，2006）也证明除资本成本外，资本管制带来的利润汇回限制也会影响跨国企业子公司的行为。因此，扩展边际和集约边际的检验虽然证明了东道国资本管制对中国企业投资活动的影响方式和大小，但是还无法分离出来自资本成本变化的影响。本部分检验的主要目的便是以行业外部融资依赖度为基础将资本成本效应从资本管制对对外直接投资的总体效应中分离出来。

采用行业外部融资依赖度来检验是否存在资本效应的合理性在于，不同行业对外部融资的依赖程度更多地取决于行业间的技术差异，使得即使在不同的国家行业外部融资依赖度具有系统性的相似之处。大量的实证研究也证明外部融资依赖度较高的行业对融资环境的敏感度也更高（Desbordes & Wei, 2017；Bilir et al.，2017）。如果东道国资本管制放松可以降低该国的资本成本，并吸引中国企业投资，那么该正向影响在外部融资依赖度高的行业会更显著。如果资本管制和行业外部融资依赖的交互项的系数显著为正，则说明资本管制放松可以通过资本成本效应促进中国企业投资。

行业外部融资依赖度（Fin_den）由资本支出中未使用营运产生的现金流的部分衡量，比重越高外部融资依赖度越高。借鉴马诺娃（Manova, 2013）的做法，计算外部融资依赖度时本书使用了 CSMAR 数据库中 2008～2015 年 A 股上市企业财务数据。由于 CSMAR 数据库中的行业数据存在较多缺失，企业的行业类别使用巨灵数据库提供的全球行业三级分类标准。

表 7-3 报告了检验结果。第 1 列的被解释变量为是否有至少一次投资发生。可以看到，资本管制以及资本管制与行业外部融资依赖度的交互项的系数均显著为正，表明对于外部融资依赖度较高的行业而言，资本管制越松的国家，中国企业投资的可能性越高。第 2～3 列的被解释变量为投资数量，其中第 2 列采用泊松回归估计，第 3 列采用负二项回归估计，两种估计方法得到的结果近似，资本管制与行业外部融资依赖度交互项的系数为正向显著，

表明在资本管制较松的国家，中国企业投资的数量越多。第4、第5列的平均投资规模的检验结果，其中第4列为选择方程估计结果，第5列为结果方程估计结果。与表7-2中集约边际的估计结果一样，资本管制的系数在结果方程中不显著，交互项的系数同样不显著，表明东道国的资本管制水平对中国企业的平均投资规模没有显著影响，在外部融资依赖度不同的行业中其影响也无显著差异。整体而言，基于行业外部融资依赖度的检验表明东道国资本管制产生的资本效应只在对外直接投资的扩展边际上发挥作用。

表7-3　　　　　　　　　　　　　　资本成本效应检验

变量	扩展边际			集约边际	
	1	2	3	4	5
Fin_open	0.305 *** (0.118)	0.319 ** (0.127)	0.321 ** (0.127)	0.130 *** (0.046)	0.278 (0.351)
Fin_open × Fin_den	0.009 *** (0.002)	0.009 *** (0.002)	0.010 *** (0.001)	0.003 *** (0.0006)	0.012 (0.037)
常数项	-28.2 *** (2.780)	-27.4 *** (3.018)	-26.6 *** (2.977)	-11.6 *** (1.123)	13.9 (10.1)
年份、国家固定效应	YES	YES	YES	YES	YES
控制变量	YES	YES	YES	YES	YES
观测值	14208	14208	14208	14186	
Log pseudolikelihood	-937.3	-1133	-1081	-1247.9	
Pseudo R^2	0.16	0.16	0.13		
alpha			6.449 *** (1.698)		
ρ				-0.653 *** (0.166)	

　　注：括号内为稳健标准误，负二项回归中为标准误。*、**、***分别表示显著性水平为10%、5%和1%。

三、扩展检验

前面机理分析表明，资本管制放松在一定的经济制度环境中才能发挥吸引投资的作用。为检验假设 3.6 的合理性本部分从东道国政府治理水平、法治水平、金融发展以及贸易开放度角度考察了东道国经济制度因素的影响。结果见表 7-4。政府治理水平影响到开展商业活动的成本和投资风险（胡兵和邓富华，2014）。本部分采用世界银行全球治理指标（WGI）中的腐败控制力度、政府有效性和法治水平三个分项指标的算数平均值，构造一个反映东道国政府治理水平的综合指标 $Govern\_dy$。如果某一东道国的取值高于全部样本的中位数，则 $Govern\_dy$ 取值为 1；反之，取值为 0。第 1 列检验了东道国政府治理水平的影响。第 1 列中资本管制与政府治理水平的交互项为正，显著性水平为 10%，表明在政府治理水平较高的东道国，资本管制放松更可能吸引中国企业投资。第 2 列中对东道国的法治水平（$Rule\_law$）的影响单独进行了检验。资本管制与法治水平的交互项的系数显著为正，表明在法治水平高的东道国资本管制放松更有助于中国企业投资。较高的制度质量之所以能够促进资本管制放松对投资活动的促进效应，原因在于资本管制会带来投资环境的变化，投资者面临更多的确定性和信息不对称。在法律和制度健全的国家各种政策法规的形成和实施更加透明和规范，投资人保护力度更强，能够有效地降低国际投资的投资风险。

表 7-4 发挥作用的条件

变量	1	2	3	4	5	6	7
Fin_open	0.067 (0.258)	-0.091 (0.292)	0.298 (0.183)	0.753 *** (0.267)	0.302 ** (0.119)	0.305 *** (0.118)	0.305 *** (0.118)
$Fin\_open \times Fin\_den$					0.004 *** (0.001)	0.007 *** (0.002)	0.009 *** (0.002)
$Fin\_open \times Govern\_dy$	0.541 * (0.313)						
$Fin\_open \times Rule\_law$		0.009 * (0.005)					
$Fin\_open \times CPdy$			0.400 ** (0.200)				

续表

变量	1	2	3	4	5	6	7
$Fin\_open \times$ $Trade\_open$				-0.004 (0.002)			
$Fin\_open \times Fin\_$ $den \times Govern\_dy$					0.007^{**} (0.003)		
$Fin\_open \times Fin\_$ $den \times CPdy$						0.004 (0.003)	
$Fin\_open \times Fin\_$ $den \times Trade\_open$							-1.2×10^{-6} (0.00001)
常数项	-37.6^{***} (5.970)	-35.5^{***} (6.119)	-35.8^{***} (5.464)	-40.2^{***} (0.072)	-28.2^{***} (2.783)	-28.2^{***} (2.783)	-28.2^{***} (2.780)
年份、国家固定效应	YES	YES	YES	YES	YES	YES	YES
控制变量	YES	YES	YES	YES	YES	YES	YES
观测值	821	821	821	821	14208	14208	14208
Log pseudolikelihood	-131.5	130.9	-130.9	-132.1	-937.2	-937.2	-937.3
Pseudo R^2	0.53	0.53	0.53	0.53	0.15	0.16	0.16

注：括号内为稳健标准误。$*$、$**$、$***$分别表示显著性水平为10%、5%和1%。

除制度质量外，东道国金融发展的其他方面也可能有效资本管制的效果。第3列检验东道国金融发展水平的影响，指标采用金融研究中常用的私人部门信贷规模（$CPdy$）（Manova，2013；Desbordes & Wei，2017），数据同样来自世界银行。当东道国的私人部门信贷规模在全样本企业的75%分位数以上时，$CPdy = 1$；反之，$CPdy = 0$。估计结果显示，资本管制与私人部分信贷规模的交互项的系数同样显著为正，这表明在私人部门信贷规模高的国家，资本管制放松才更可能促进投资活动。第4列则是检验贸易开放度的影响，结果显示贸易开放度与资本管制的交互项并不显著。

为稳健起见，在表7-4第5~7列中采用行业外部融资依赖度差异再次进行检验。外部融资依赖度高的行业更加需要稳定的、可预见的外部环境来保障经营活动所需的资金得到持续稳定的供给，因此，在外部融资依赖度高的行业中制度质量等调节作用会更强。检验结果显示，只有第 5 列中资本管制、外部融资依赖度和政府治理水平的交互项是正向显著，第 6、第 7 列中包含私人部门信贷规模以及贸易开放度的交互项均不显著，这表明在促进投资方面东道国整体的制度质量水平发挥着重要的作用，正如金和伊藤（Chinn & Ito，2006）发现的那样，在巩固资本账户开放的效果方面，一个国家整体的法律和制度水平更加重要。

第三节　本章小结

本书采用 2008~2015 年中国 A 股上市企业跨国并购数据，从扩展边际和集约边际两个方面考察了东道国资本管制如何影响中国企业对外直接投资及其作用机制。主要结论如下：

第一，东道国资本管制放松可以在扩展边际（是否有投资发生或者投资次数）上促进中国企业海外投资，在集约边际（投资项目的平均规模）上的促进效应不显著。

第二，东道国资本管制放松对外部融资依赖度较高行业的投资活动具有更显著的促进效应，而且该效应主要在扩展边际上发挥作用。在外部融资依赖度较高行业中，投资活动对东道国资本管制的反应证明了降低资本成本是资本管制放松促进投资活动的重要渠道。

第三，东道国的制度质量会影响资本管制的效果。在政府治理水平和金融发展水平较高的国家资本管制放松对投资活动的促进效应更显著。

|第八章|
结论与对策建议

第一节　主要结论

在中国"走出去"战略和"一带一路"倡议不断深化的背景下，本书研究了东道国金融发展对中国企业对外直接投资的影响，得到的主要结论具体如下。

一、东道国金融发展对中国企业对外直接投资二元边际的影响

参考国际贸易研究中对出口结构的分解，以及对外直接投资领域的相关研究，本书将中国企业对外直接投资结构分解为扩展边际和集约边际，以东道国私人部门信贷规模、金融法规质量以及资本管制为金融发展指标，以中国上市企业跨国并购交易为样本，检验了东道国金融发展的不同方面对中国企业对外直接投资结构的影响。研究所得主要结果如下。

本书选用了以企业年度是否在东道国有投资

发生、某一行业年度在东道国是否有至少一次投资发生、年度所有企业整体在东道国是否有至少一次投资发生、行业年度在东道国投资的总次数，以及年度所有企业整体在东道国投资的总次数作为扩展边际。无论采用哪种扩展边际计算方式，研究结论都是一致的，即东道国较高的金融发展可以提高中国企业在东道国进行投资的概率和投资的次数。

对对外直接投资的集约边际而言，当以行业年度项目平均金额作为集约边际时，无论是以东道国私人部门信贷规模还是金融法规质量作为金融发展指标，金融发展对中国企业扩大投资规模没有显著的促进作用，但是以年度投资总规模角度看，东道国金融发展可以促进中国对东道国整体投资规模的扩大。这表明东道国金融发展可能导致部分行业或者部分企业投资规模变小，但是通过增加投资企业数量，使得中国整体投资规模上升。

因此，东道国金融发展对中国企业对外直接投资结构的影响主要表现在扩展边际上，使更多的企业可以进入东道国市场。这种在扩展边际上的积极作用有助于分散对外直接投资过于集中于部分行业或者部分企业所带来的风险。但是部分投资项目规模有限也可能带来投资风险。一方面，投资规模较小时企业在东道国市场上的竞争可能受到制约；另一方面，就并购交易而言，较小的投资规模意味着企业掌握的海外公司的管理和控制权可能较小，可能影响企业试图通过并购获取国外公司核心技术或者战略资产的目标。东道国金融发展对中国企业对外直接投资规模的有限影响反映了中国企业在对外直接投资项目启动阶段通过东道国金融市场融资的不足。

二、东道国金融发展对中国对外直接投资企业生产率分布的影响

本书从三个角度考察了东道国金融发展对中国企业对外直接投资企业生产率分布的影响。一是检验东道国较高的金融发展水平是否可以降低对外直接投资的生产率门槛；二是考察在不同的国家对外直接投资的最低生产率门槛随金融发展变化的差异；三是检验不同金融发展水平国家最低生产率门槛的绝对值差异。研究结果表明，东道国金融发展水平对对外直接投资企业的生产率分布的影响是异质性的。较高的金融发展水平不但会系统性地显著降低对外直接投资所需的生产率水平，而且会系统性地降低投资的最低生产率门槛。此外，在人均GDP较高、经济发展水平较高的东道国，金融发展对对

外直接投资生产率门槛的效应更显著。尽管如此，在经济发展水平高于中国的东道国企业对外直接投资的最低生产率绝对值依然会显著高于经济发展水平低于中国的东道国。最后，相比私人部门信贷规模，东道国的金融法规质量对对外直接投资的影响更加稳健，更有助于降低企业对外直接投资的生产率门槛。

因此，生产率分布特点表现在两个方面：一是更多生产率较低的企业获得在金融发展水平较高东道国进行对外直接投资的机会，这与东道国金融发展在扩展边际上更易促进企业对外直接投资的结论是一致的。而且，由于在经济较为发达、金融法规质量较高的东道国，其金融发展对降低对外直接投资生产率门槛的影响幅度更大，这使得这些经济更为发达的国家和地区可能吸引更多的中国企业投资，这与本书第四章中对中国企业投资国家的统计结果是一致的。二是经济更为发达的国家最低生产率水平要显著高于经济发展水平较低的国家。这意味着虽然在高经济发展水平国家金融发展带来的生产率下降较快，但是这些国家市场竞争更加激烈，生产率准入门槛会更高，那么导致金融发展更大幅度降低整体生产率水平的原因来自金融发展以外的因素。

三、东道国金融发展对中国企业对外直接投资区位选择的影响

东道国金融发展对投资活动的影响会受到金融发展以外其他因素的影响，从而使得金融发展的影响在不同国家间存在异质性，例如，为什么在经济发展水平较高的东道国，金融发展会使对外直接投资所需生产率下降得更快，但是却无法使对外直接投资的最低生产率门槛低于低经济发展水平的国家。本书按照世界银行给出的高收入国家标准将东道国划分后的研究结果表明，在不同经济发展水平的东道国，金融发展对中国企业对外直接投资的影响是存在异质性的。金融发展并不必然地促进中国企业投资，因此，笼统地认为金融发展促进中国企业对外直接投资的观点可能导致错误的投资决策和区位选择。

具体而言，首先，东道国金融发展水平提升产生的融资效应主要发生在低经济发展水平的东道国，在高经济发展水平的东道国融资效应并不显著。因此，仅从金融发展提升融资能力的角度讲，低经济发展水平的东道国是中国企业对外直接投资中区位选择的重点。这一结果与低收入国家的对外直接

投资生产率准入门槛更低的结论是一致的。其次，经济发展水平高于中国但是低于高收入国家的东道国中，金融发展的影响较为复杂。在这些国家中，金融发展可以通过融资效应促进中国企业投资，但是金融发展会强化当地企业的竞争力，使中国企业面临较强的竞争。因此，在这些东道国金融发展对中国企业海外投资的整体影响是负向的挤出效应。再次，高经济发展水平的东道国巨大的市场规模、先进的技术以及丰富的自然资源都可能强化金融发展对中国企业的吸引力，但是贸易开放度的提高会使这些国家的吸引力下降。最后，从东道国资本管制的角度看，资本管制放松有利于中国企业对外直接投资，特别是在外部融资依赖度较高的行业中，资本管制放松会降低企业对外直接投资中的资金成本。但是资本管制放松的作用受到东道国制度质量水平的制约，在制度质量水平更高的国家，资本管制放松更容易发挥缓解融资约束的作用。

整体而言，虽然在高经济发展水平的东道国，金融发展没有发挥显著的融资效应，但是由于这些国家本身具有良好的融资环境，随着企业融入当地经济，竞争力不断提高，未来可能分享良好融资环境所带来的益处。在经济发展水平低于中国的东道国，无论从融资还是市场竞争角度中国企业都处于竞争优势地位。在经济发展水平与中国近似的东道国，中国企业会面临有力的竞争，金融发展带来的益处可能无法抵消当地企业带来的竞争。因此，从区位角度讲，在东道国满足投资目的的条件下，融资约束较紧的企业更适宜选择经济发展水平低于中国，但是融资环境不断改善的东道国，融资约束轻的企业选择经济发展水平与中国近似或者高收入水平的东道国。

四、东道国资本管制对中国企业对外直接投资的影响

从东道国资本管制角度考察其金融发展对中国企业对外直接投资的影响时，主要结论如下：第一，东道国资本管制放松可以在扩展边际（是否有投资发生或者投资次数）上促进中国企业海外投资，在集约边际（投资项目的平均规模）上的促进效应不显著。第二，东道国资本管制放松对外部融资依赖度较高行业的投资活动具有更显著的促进效应，而且该效应主要在扩展边际上发挥作用。在外部融资依赖度较高行业中，投资活动对东道国资本管制的反应证明了降低资本成本是资本管制放松促进投资活动的重要渠道。第三，

东道国的制度质量会影响资本管制的效果。在政府治理水平和金融发展水平较高的国家，资本管制放松对投资活动的促进效应更显著。因此，以资本管制来反映东道国金融发展状况时，研究所得结论与使用传统指标私人部门信贷规模的研究结论是相互印证的。总的来看，金融发展水平的提高有利于降低投资成本，促进对外直接投资。

第二节　对策建议

一、融资约束紧的中国企业对外直接投资区位选择的建议

中国企业应该尽可能选择金融发展水平高、金融体系完善、制度质量水平较高的国家作为投资目的地。目前，中国的金融体制中还存在诸多问题，除一般意义上由于信息不对称导致的金融摩擦外，企业在母国融资时还有可能遭遇所有制、规模等歧视。东道国良好的融资环境可以成为母国融资的有益补充。在考虑东道国金融发展水平时不但要考虑金融规模，更要注重金融法律法规质量水平，因为完善的金融法规质量为金融规模发挥作用提供了良好的制度保障。在金融体系完善的国家，市场经济已经非常发达，经济活动较少受到非市场因素的干扰，企业有更多的机会公平地通过正规融资渠道获得融资，降低融资成本。

发展中国家依然是中国企业通过对外直接投资实现国际化的重要突破口。虽然发达国家金融发展水平更高，更有助于降低市场进入的生产率门槛，但是发达国家市场竞争激烈，对外直接投资的绝对生产率水平仍然高于发展中国家。从这个角度讲，中国政府推动的"一带一路"倡议为中国企业"走出去"提供了重要的历史机遇。"一带一路"沿线包含许多发展中国家，相比这些国家的企业，中国企业具有诸多优势。加之政府的支持，中国企业将有更大的优势参与国际化竞争。

在经济发展水平与中国较为接近的东道国，金融发展对中国企业的对外直接投资的影响更加具有不确定性，企业进入这些国家市场时应当更加谨慎地衡量自身融资条件和竞争力，当自身融资条件更加优越或者竞争力显著高于当地企业时

才更可能利用当地金融发展带来的融资便利，与当地企业展开有效竞争。

二、关于政府层面国际金融与跨国产能合作的建议

由于不同国家金融发展对投资活动的影响具有异质性，并且受到东道国其他因素的影响，因此，从政府角度讲，需要从两方面促进中国企业对外直接投资。

一方面，继续推动本国金融发展和全球金融开放。企业的融资能力也是其竞争优势的来源之一，特别是在金融脆弱部门。母国融资是企业对外直接投资过程中重要的融资来源，当东道国资本管制提高了当地融资成本，或者与东道国当地企业竞争加剧时，母国融资会更加重要。母国金融环境改善不但可以直接支持企业对外直接投资过程中对资金的需求，还有助于企业从事提高生产率的活动，提高向发达国家和地区投资时的竞争力。母国金融发展对企业对外直接投资的助力还应延伸至企业在东道国的日常经营活动中，政府层面应该继续推动金融市场改革，加快中国金融机构海外布局，提高海外业务能力，建立全球化的金融体系，为母国企业的海外经营提供融资的便利和支持。

另一方面，除本国金融发展外，促进东道国，尤其是经济发展水平落后于中国的国家的金融发展有利于中国企业在这些国家和地区进行对外直接投资。虽然在经济发展水平落后于中国的国家和地区促进当地金融发展会带来当地企业竞争，但是中国企业相对于当地企业的竞争优势使得中国企业更容易从当地金融发展中受益。对于经济发展水平和竞争力强于中国的东道国，促进本国金融发展和提高企业竞争力比促进当地金融发展更重要。除金融发展因素外，还需要与世界各国在政治经济其他领域开展广泛的合作，在一个开放的、稳定的国际环境和友好的双边政治关系中，中国企业更易于进行对外直接投资，尤其是在制度环境较差的东道国，当企业面临东道国制度等外生因素的影响时政府有更多的途径为企业提供帮助（潘镇、金中乾，2015；刘晓光、杨连星，2016；杨宏恩等，2016；李诗等，2017）。

三、关于银企关系与金融服务业国际化的建议

一方面，金融业的发展会影响到企业的发展和竞争力（方芳、蔡卫星，

2016），对 OECD 国家的研究也表明，金融中介的发展可以促进对外直接投资（韩剑，2015）。另一方面，虽然整体而言东道国金融发展有利于企业对外直接投资，但是在发达国家，中国企业目前竞争力仍然相对较弱，在与当地企业竞争有限金融资源中可能处于不利地位，在其他与中国经济实力相当的发展中国家中，相比对当地企业的了解，当地金融机构对中国企业的了解相对有限，这使得中国企业在海外融资可能遇到较大的困难。此时，母国金融机构所提供的海外服务就显得尤为重要。事实上，即使是发达国家金融机构也会遵循追随战略进行海外投资，为本国对外直接投资企业在东道国当地的投资和生产经营活动提供服务。中国企业必然存在同样的服务需求，因此，中国金融业的不断完善和国际化对中国企业对外直接投资具有重要意义。然而对新兴市场的研究表明，在国际资本市场上由外资银行牵头的银团贷款利率会显著降低，表明新兴市场国家在国际金融市场上仍处于劣势（吴卫星、蒋涛，2017）。因此，增强中国金融业国际化水平对于中国企业海外融资能力至关重要。

目前中国金融市场的开放度不断提高，与国际金融市场日益融合，面临的竞争也愈加激烈。一方面，中国金融业的竞争力不断增强，在金融信息化和数字化方面加大创新力度；另一方面，则是将金融创新与为企业服务相联系，服务实体经济。在参与国际化的竞争中人才必不可少，培养具有国际化视野和竞争力的金融人才是中国金融业为对外直接投资提供高质量服务的重要保障。当下，中国企业通过对外直接投资参与全球竞争时已经不再是简单地通过对外直接投资向发达国家学习，而是积极地同世界各国，甚至是发达国家展开竞争，进入竞争策略型和市场势力型对外直接投资阶段（庞明川，2009）。这就要求中国的金融体系和金融机构的发展也应有能力参与到全球化的竞争中，与企业并驾齐驱，并为之服务。

第三节　研究展望

通过本书的研究，认为尚有以下几个方面可以作进一步的探讨：

（一）东道国金融生态多样性、跨国并购与现金流波动

世界范围内，各个国家的金融生态多种多样，东道国融资能力的异质性

会影响子公司在当地的融资需求，如果当地的融资数量无法满足企业运营资金的需求，并购完成后势必会对母公司的现金流产生直接影响。另外，如果在东道国产生的利润无法按时返回国内，或者对利润征税过多，对母公司的现金流也会产生不利的影响。从东道国金融生态的角度切入，研究跨国并购对母公司现金流的影响有重要的理论和现实意义。

（二）东道国的金融周期趋同性与跨国并购的风险溢价和投资收益

首先，是企业通过跨国并购获得多元化带来的收益，更高的风险溢价往往发生在与母国经济关系紧密的国家，这种金融周期趋同性容易在共振效应的作用下削弱多元化的企业收益。其次，是固定成本和沉没成本的杠杆效应和滞后效应决定了更高的风险溢价发生在进入成本和生产成本更高的国家。

如果两个国家的商业周期不是非常相关，通过跨国销售可以分散经济波动的风险，我们把这个机制叫作"渠道多元化"效应。在均衡状态下，这意味着跨国公司的期望收益会比非跨国公司要少；对跨国公司来说，分支机构在与中国经济联系不紧密国家运营的收益会相对较高。

（三）东道国的资本管制与企业跨国并购的投资效率

中国正在大力推进"走出去"战略和"一带一路"倡议，研究世界各国资本管制会对中国企业的对外投资产生怎样的影响，对于推动"走出去"战略顺利实施具有重要的理论与现实意义。

资本管制会影响资本管制国的融资成本和配置效率。韩乾等（2017）以中国上市企业为样本对短期国际资本流动的研究表明，短期国际资本流入会显著降低上市企业的融资成本。从另一个角度看，资本管制会推高一个国家的利率。贝卡特等（Bekaert et al. , 2005）发现股票市场自由化后当地上市企业的投资增加，但是投资扩张并非预期那样源于系统性的重新定价风险，而是源于无风险利率的下降。

（四）东道国金融自由化与企业对外直接投资利润返回

中国企业对外直接投资的主要目的是赚取利润，利润产生地的选择、利润的征税、利润返回的便利程度都会对企业对外直接投资产生直接的影响。东道国为了稳定金融市场，特别是在经济危机时期，会采取对资本进出进行管制，给中国的跨国企业利润的返回造成困难。

　　中国大规模在发达国家进行并购，引起了西方国家的重视，针对中国资本的审查逐渐增多，包括美国与欧盟。相关国家从资本监管方面，提高了门槛，即使中国企业并购成功，审查的要求势必更趋严格，利润的产生与返回也会产生一定影响。

参考文献

[1] 包群，阳佳余．金融发展影响了中国工业制成品出口的比较优势吗 [J]．世界经济，2008（3）：21-33.

[2] 包群．国内贸易壁垒与出口生产率悖论的形成 [J]．世界经济，2015（5）：176-177.

[3] 曹亮，袁德胜，徐小聪，等．建交时间与企业农产品出口二元边际：出口目的地视角 [J]．宏观经济研究，2016（4）：106-114.

[4] 陈创练，庄泽海，林玉婷．金融发展对工业行业资本配置效率的影响 [J]．中国工业经济，2016（11）：22-38.

[5] 陈健，徐康宁．跨国公司研发全球化：动因、地域分布及其影响因素分析 [J]．经济学（季刊），2009，8（3）：871-890.

[6] 陈勇兵，陈宇媚．贸易增长的二元边际：一个文献综述 [J]．国际贸易问题，2011（9）：160-168.

[7] 陈雨露，马勇，阮卓阳．金融周期和金融波动如何影响经济增长与金融稳定？ [J]．金融研究，2016（2）：1-22.

[8] 杜思正，冼国明，冷艳丽．中国金融发展、资本效率与对外投资水平 [J]．数量经济技术经济研究，2016（10）：17-36.

[9] 方芳，蔡卫星．银行业竞争与企业成长：来自工业企业的经验证据 [J]．管理世界，2016（7）：63-75.

[10] 冯晓明．资本管制能抵御金融危机吗？：评智利模式的资本管制 [J]．国际经济评论，2001（z2）：47-51.

[11] 郭庆旺，贾俊雪. 中国全要素生产率的估算: 1979—2004 [J]. 经济研究，2005 (6): 51 - 60.

[12] 韩剑. 母国服务业发展对企业对外直接投资影响: 基于 OECD 国家数据的实证研究 [J]. 财贸经济，2015, 36 (3): 113 - 123.

[13] 韩剑，王静. 中国本土企业为何舍近求远: 基于金融信贷约束的解释 [J]. 世界经济，2012 (1): 98 - 113.

[14] 胡兵，邓富华. 腐败距离与中国对外直接投资: 制度观和行为学的整合视角 [J]. 财贸经济，2014, 35 (4): 82 - 92.

[15] 韩乾，袁宇菲，吴博强. 短期国际资本流动与我国上市企业融资成本 [J]. 经济研究，2017 (6): 77 - 89.

[16] 黄汉民，郑先勇. 大国崛起中的贸易政策取向及对中国贸易政策启示: 基于制度质量视角的思考 [J]. 国际贸易，2010 (10): 9 - 11.

[17] 顾雪松，韩立岩，周伊敏. 产业结构差异与对外直接投资的出口效应: "中国 - 东道国" 视角的理论与实证 [J]. 经济研究，2016 (4): 102 - 115.

[18] 郭杰，黄保东. 储蓄、公司治理、金融结构与对外直接投资: 基于跨国比较的实证研究 [J]. 金融研究，2010 (2): 76 - 90.

[19] 蒋冠宏. 我国企业跨国并购真的失败了吗?: 基于企业效率的再讨论 [J]. 金融研究，2017 (4): 46 - 60.

[20] 蒋冠宏，蒋殿春. 绿地投资还是跨国并购: 中国企业对外直接投资方式的选择 [J]. 世界经济，2017 (7): 126 - 146.

[21] 李春顶. 中国企业 "出口 - 生产率悖论" 研究综述 [J]. 世界经济，2015 (5): 148 - 175.

[22] 李科，徐龙炳. 融资约束、债务能力与公司业绩 [J]. 经济研究，2011 (5): 61 - 73.

[23] 李坤望，王永进. 契约执行效率与地区出口绩效差异: 基于行业特征的经验分析 [J]. 经济学 (季刊)，2010, 9 (2): 1007 - 1028.

[24] 李磊，包群. 融资约束制约了中国工业企业的对外直接投资吗? [J]. 财经研究，2015, 41 (6): 120 - 131.

[25] 李诗，黄世忠，吴超鹏. 中国企业并购敏感性海外资产的经验研究 [J]. 世界经济，2017, 40 (3): 99 - 121.

[26] 刘海云，聂飞. 中国 OFDI 动机及其双向技术溢出：基于二元边际的实证研究 [J]. 世界经济研究，2015 (6)：102 – 110.

[27] 刘莉亚，程天笑，关益众，等. 资本管制能够影响国际资本流动吗？[J]. 经济研究，2013 (5)：33 – 46.

[28] 刘莉亚，何彦林，王照飞，等. 融资约束会影响中国企业对外直接投资吗？：基于微观视角的理论和实证分析 [J]. 金融研究，2015 (8)：124 – 140.

[29] 刘莉亚，何彦林，杨金强. 生产率与企业并购：基于中国宏观层面的分析 [J]. 经济研究，2016 (3)：123 – 136.

[30] 刘晴，程玲，邵智，等. 融资约束、出口模式与外贸转型升级 [J]. 经济研究，2017 (5)：75 – 88.

[31] 刘青，陶攀，洪俊杰. 中国海外并购的动因研究：基于广延边际与集约边际的视角 [J]. 经济研究，2017 (1)：28 – 43.

[32] 刘文革，周方召，肖园园. 不完全契约与国际贸易：一个评述 [J]. 经济研究，2016 (11)：166 – 179.

[33] 刘晓光，杨连星. 双边政治关系、东道国制度环境与对外直接投资 [J]. 金融研究，2016 (12)：17 – 31.

[34] 吕朝凤，朱丹丹. 中国垂直一体化生产模式的决定因素：基于金融发展和不完全契约视角的实证分析 [J]. 中国工业经济，2016 (3)：68 – 82.

[35] 罗伟，吕越. 金融市场分割、信贷失衡与中国制造业出口：基于效率和融资能力双重异质性视角的研究 [J]. 经济研究，2015 (10)：49 – 63.

[36] 马涛，刘仕国. 产品内分工下中国进口结构与增长的二元边际：基于引力模型的动态面板数据分析 [J]. 南开经济研究，2010 (4)：92 – 109.

[37] 毛其淋，盛斌. 贸易自由化、企业异质性与出口动态：来自中国微观企业数据的证据 [J]. 管理世界，2013 (3)：48 – 68.

[38] 潘镇，金中坤. 双边政治关系、东道国制度风险与中国对外直接投资 [J]. 财贸经济，2015，36 (6)：85 – 97.

[39] 庞明川. 技术追随、策略互动与市场势力：发展中国家的对外直接投

资［J］. 财贸经济，2009（12）：99 – 104.

[40] 彭俞超. 金融功能观视角下的金融结构与经济增长：来自 1989 ~ 2011 年的国际经验［J］. 金融研究，2015（1）：32 – 49.

[41] 钱学锋. 企业异质性、贸易成本与中国出口增长的二元边际［J］. 管理世界，2008（9）：48 – 56.

[42] 钱学锋，熊平. 中国出口增长的二元边际及其因素决定：经验研究［J］. 经济研究，2010（1）：65 – 79.

[43] 盛丹，王永进. 契约执行效率能够影响 FDI 的区位分布吗？［J］. 经济学（季刊），2010（4）：1239 – 1260.

[44] 沈红波，寇宏，张川. 金融发展、融资约束与企业投资的实证研究［J］. 中国工业经济，2010（6）：55 – 64.

[45] 沈红波，廖冠民，曹军. 金融发展、产权性质与上市公司担保融资［J］. 中国工业经济，2011（6）：120 – 129.

[46] 施炳展. 中国出口增长的三元边际［J］. 经济学，2010，9（3）：1311 – 1330.

[47] 石晓军，张顺明. 商业信用、融资约束及效率影响［J］. 经济研究，2010（1）：102 – 114.

[48] 王碧珺，谭语嫣，余淼杰，等. 融资约束是否抑制了中国民营企业对外直接投资［J］. 世界经济，2015（12）：54 – 78.

[49] 王恕立，向姣姣. 制度质量、投资动机与中国对外直接投资的区位选择［J］. 财经研究，2015，41（5）：134 – 144.

[50] 王文甫，王德新，岳超云. 地方政府支出有偏性、企业融资约束与经济结构失衡［J］. 财经研究，2016，42（10）：155 – 178.

[51] 王勋. 金融抑制与发展中国家对外直接投资［J］. 国际经济评论，2013（1）：51 – 60.

[52] 王忠诚，薛新红，张建民. 融资约束、融资渠道与企业对外直接投资［J］. 金融经济学研究，2017（1）：60 – 72.

[53] 王亚星，李敏瑞. 资本扭曲与企业对外直接投资：以全要素生产率为中介的倒逼机制［J］. 财贸经济，2017，38（1）：115 – 129.

[54] 王永钦，杜巨澜，王凯. 中国对外直接投资区位选择的决定因素：制度、税负和资源禀赋［J］. 经济研究，2014（12）：126 – 142.

[55] 魏志华, 曾爱民, 李博. 金融生态环境与企业融资约束: 基于中国上市公司的实证研究 [J]. 会计研究, 2014 (5): 73 – 80.

[56] 温磊. 中国对外直接投资决定因素的实证研究 [J]. 山西大学学报 (哲学社会科学版), 2013, 36 (4): 104 – 108.

[57] 吴卫星, 蒋涛. 外资银行贷款利率更低: 来自新兴市场银团贷款的证据及解释 [J]. 财贸经济, 2017, 38 (5): 51 – 64.

[58] 项本武. 东道国特征与中国对外直接投资的实证研究 [J]. 数量经济技术经济研究, 2009 (7): 33 – 46.

[59] 谢红军, 蒋殿春. 竞争优势、资产价格与中国海外并购 [J]. 金融研究, 2017 (1): 83 – 98.

[60] 谢军, 黄志忠. 宏观货币政策和区域金融发展程度对企业投资及其融资约束的影响 [J]. 金融研究, 2014 (11): 64 – 78.

[61] 邢孝兵. 我国战略性贸易政策实践 [J]. 国际商务: 对外经济贸易大学学报, 2008 (5): 15 – 20.

[62] 薛新红, 王忠诚, 张华容. 对外直接投资、生产率准入门槛与信贷约束 [J]. 山西财经大学学报, 2017, 39 (10): 44 – 58.

[63] 阎大颖. 中国企业对外直接投资的区位选择及其决定因素 [J]. 国际贸易问题, 2013 (7): 128 – 135.

[64] 杨畅, 庞瑞芝. 契约环境、融资约束与 "信号弱化" 效应冰: 基于中国制造业企业的实证研究 [J]. 管理世界, 2017 (4): 60 – 69.

[65] 杨宏恩, 孟庆强, 王晶, 等. 双边投资协定对中国对外直接投资的影响: 基于投资协定异质性的视角 [J]. 管理世界, 2016 (4): 24 – 36.

[66] 阳佳余. 融资约束与企业出口行为: 基于工业企业数据的经验研究 [J]. 经济学 (季刊), 2012, 11 (4): 1503 – 1524.

[67] 杨连星, 刘晓光, 张杰. 双边政治关系如何影响对外直接投资: 基于二元边际和投资成败视角 [J]. 中国工业经济, 2016 (11): 56 – 72.

[68] 杨子晖, 陈创练. 金融深化条件下的跨境资本流动效应研究 [J]. 金融研究, 2015 (5): 34 – 49.

[69] 易纲, 樊纲, 李岩. 关于中国经济增长与全要素生产率的理论思考 [J]. 经济研究, 2003 (8): 13 – 20.

[70] 易靖韬, 傅住莎. 企业生产率与出口: 浙江省企业层面的证据 [J]. 世

界经济，2011（5）：74 - 92.

[71] 游宇，黄宗晔. 资本管制对融资结构和经济增长的影响 [J]. 金融研究，2016（10）：32 - 47.

[72] 余官胜. 东道国金融发展和我国企业对外直接投资：基于动机异质性视角的实证研究 [J]. 国际贸易问题，2015（3）：138 - 145.

[73] 于洪霞，龚六堂，陈玉宇. 出口固定成本融资约束与企业出口行为 [J]. 经济研究，2011（4）：55 - 67.

[74] 余永定，张明. 资本管制和资本项目自由化的国际新动向 [J]. 国际经济评论，2012（5）：67 - 74.

[75] 张华容，薛新红. 购买国外专利技术与企业自主研发的协同效应研究 [J]. 国际商务：对外经济贸易大学学报，2017（5）：150 - 160.

[76] 张建清，魏伟. 国际金融危机对我国各地区出口贸易的影响分析：基于贸易结构的视角 [J]. 国际贸易问题，2011（2）：3 - 11.

[77] 赵振全，薛丰慧. 金融发展对经济增长影响的实证分析 [J]. 金融研究，2004（8）：94 - 99.

[78] Acemoglu D, Johnson S, Mitton T. Determinants of Vertical Integration：Financial Development and Contracting Costs [J]. Journal of Finance, 2009, 64 (3)：1251 - 1290.

[79] Aghion P, Fally T, Scarpetta S. Credit Constraints as a Barrier to the Entry and Post-Entry Growth of Firms：Theory and Evidence [J]. Economic Policy, 2007, 22 (52)：731 - 779.

[80] Aghion P, Howitt P, Mayer-Flulkes D. The Effect of Financial Development on Convergence：Theory and Evidence [J]. The Quarterly Journal of Economics, 2005, 120 (1)：173 - 222.

[81] Ahn J B, Amiti M, Weistein D E. Trade Finance and the Great Trade Collapse [J]. American Economic Review：Papers and Proceedings, 2011 (101)：298 - 302.

[82] Alfaro L, Chari A, Kanczuk F. The Real Effects of Capital Controls：Firm-Level Evidence from a Policy Experiment [J]. Journal of International Economics, 2017, 108：191 - 210.

[83] Alfaro L, Kalemli-Ozcan S, Volosovych V. Why Doesn't Capital Flow from

Rich to Poor Countries? An Empirical Investigation [J]. The Review of Economics and Statistics, 2013, 90 (2): 347 – 368.

[84] Amiti M, Weinstein D E. Exports and Financial Shocks [J]. Quarterly Journal of Economics, 2009, 126 (4): 1841 – 1877.

[85] Amiti M, Weinstein D E. How Much Do Idiosyncratic Bank Shocks Affect Investment? Evidence from Matched Bank-Firm Loan Data [R]. NBER Working Paper Series, No. 18890, 2013.

[86] Amiti M, Freund C. China's Export Boom [J]. Finance and Development, 2007, 44 (a).

[87] Allen F, Gales D. Comparing Financial Systems [M]. Cambridge, Mass, 2001.

[88] Antràs P, Caballero R J. Trade and Capital Flows: A Financial Frictions Perspective [J]. Journal of Political Economy, 2009, 117 (4): 701 – 744.

[89] Antràs P, Desai M A, Foley C F. Multinational Firms, FDI Flows, and Imperfect Capital Markets [J]. Quarterly Journal of Economics, 2009, 124 (3): 1171 – 1219.

[90] Arteta C, Eichengreen B, Wypolsz C. When Does Capital Account Liberalization Help More Than It Hurts? [J]. Journal of Finance, 2003, 58: 2667 – 2710.

[91] Asiedu E. Foreign Direct Investment in Africa: The Role of Natural Resources, Market Size, Government Policy, Institutions and Political Instability [J]. World Economy, 2006, 29 (1): 63 – 77.

[92] Aw B Y, Roberts M J, Xu D Y. R&D Investment, Exporting, and Productivity Dynamics [J]. American Economic Review, 2011, 101 (4): 1312 – 1344.

[93] Bhagwati J. The Capital Myth [M]. Foreign Affairs, May. 1998a.

[94] Bhagwati J. Why Free Capital Mobility May Be Hazardous to Your Health: Lessons from the Latest Financial Crisis [R]. NBER Conference on Capital Controls, November 7, 1998b.

[95] Beck T. Financial Dependence and International Trade [J]. Review of Inter-

national Economics, 2003, 11 (2): 296 – 316.

[96] Beck T, Demirgüç-Kunt A, Maksimovic V. Financial and Legal Constraints to Firm Growth: Does Size Matter? [J]. Journal of Finance, 2005, 60 (1): 137 – 177.

[97] Beck T, Demirgüç-Kunt A, Levine R. Financial Institutions and Markets across Countries and over Time-Data and Analysis [R]. Policy Research Working Paper Series, No. 4943, 2009.

[98] Beck T, Demirguc-Kunt A, Levine R. Financial Institutions and Markets across Countries and over Time: The Updated Financial Development and Structure Database [J]. Social Science Electronic Publishing, 2010, 24 (1): 77 – 92.

[99] Bellone F, Musso P, Nesta L, et al. Financial Constraints and Firm Export Behaviour [J]. World Economy, 2008, 33 (33): 347 – 373.

[100] Bekaert G, Harvey C R, Lundblad C. Does Financial Liberalization Spur Growth? [J]. Journal of Financial Economics, 2005, 77 (1): 3 – 55.

[101] Bekaert G, Harvey C R, Lundblad C, Siegel S. Global Growth Opportunities and Market Integration [J]. Journal of Finance, 2007, 62 (3): 1081 – 1137.

[102] Bergstrand J H, Egger P. A Knowledge-and-Physical-Capital Model of International Trade Flows, Foreign Direct Investment, and Multinational Enterprises [J]. Journal of International Economics, 2007, 73 (2): 278 – 308.

[103] Berman N, Héricourt J. Financial Factors and The Margins of Trade: Evidence from Cross-Country Firm-Level Data [J]. Journal of Development Economics, 2010, 93 (2): 206 – 217.

[104] Bernard A B, Jensen J B, Redding S J, et al. Firms in International Trade [J]. The Journal of Economic Perspectives, 2007, 21 (3): 105 – 130.

[105] Bilir L K, Chor D, Manova K. Host Country Financial Development and MNC Activity [R]. Mimeo: revised version, March, 2017.

[106] Blonigen B A. A Review of the Empirical Literature on FDI Determinants [J]. Atlantic Economic Journal, 2005, 33 (4): 383 – 403.

[107] Blonigen B, David R, Waddell G, Naughton H. FDI in Space: Spatial Autoregressive Relationships in Foreign Direct Investment [J]. European Economic Review, 2007, 51 (5): 1303 –1325.

[108] Blonigen B A, Piger J. Determinants of Foreign Direct Investment [J]. Canadian Journal of Economics, 2014, 47 (3): 775 –812.

[109] Boyd J H, Prescott E C. Financial Intermediary-Coalitions [J]. Journal of Economic Theory, 1986, 38 (2): 211 –232.

[110] Buch C, Kesternich M, Lipponer A, et al, Financial Constraints and Foreign Direct Investment: Firm-Level Evidence [J]. Review of World Economics, 2014, 150 (2): 393 –420.

[111] Buckley P J, Clegg L J, Cross A R, et al. The Determinants of Chinese Outward Foreign Direct Investment [J]. Journal of International Business Studies, 2009, 40 (2): 353 –354.

[112] Busse M, Hefeker C. Political Risk, Institutions and Foreign Direct Investment [J]. European Journal of Political Economy, 2007, 23 (2): 397 – 415.

[113] Campa J M, Shaver J M. Exporting and Capital Investment [R]. IESE Research Paper. No D/469, 2002.

[114] Caselli F, Feyrer J. The Marginal Productivity of Capital [J]. Quarterly Journal of Economics, 2007, 72 (122): 535 –568.

[115] Caves D W, Christensen L R, Diewert W E. The Economic Theory of Index Numbers and the Measurement of Input, Output, and Productivity [J]. Econometrica, 1982, 50 (6): 1393 –1414.

[116] Cetorelli N, Strahan P E. Finance as a Barrier to Entry: Bank Competition and Industry Structure in Local U. S. Markets [J]. Journal of Finance, 2006, 61 (1): 437 –461.

[117] Chaney T. Distorted Gravity: The Intensive and Extensive Margins of International Trade [J]. American Economic Review, 2008 (98): 1707 – 1721.

[118] Chapman K. Cross-Border Mergers/Acquisitions: A Review and Research Agenda [J]. Journal of Economic Geography, 2003, 3 (3): 309 –334.

［119］Chari A, Henry P B. Capital Account Liberalization: Allocative Efficiency or Animal Spirit? ［J］. SSRN Electronic Journal, 2002.

［120］Chari A, Henry P B. Risk Sharing and Asset Prices: Evidence from a Natural Experiment ［J］. Journal of Finance, 2004, 59 (3): 1295 – 1324.

［121］Chen M X, Moore M O. Location Decision of Heterogeneous Multinational Firms ［J］. Journal of International Economics, 2010, 80 (2): 188 – 199.

［122］Chan J M L, Manova K. Financial Development and The Choice of Trade Partners ［J］. Journal of Development Economics, 2015, 116 (13): 122 – 145.

［123］Chinn M D, Ito H. What Matters for Financial Development? Capital Controls, Institutions, and Interactions ［J］. Journal of Development Economics, 2006, 81 (1): 163 – 192.

［124］Chinn M D, Ito H. A New Measure of Financial Openness ［J］. Journal of Comparative Policy Analysis Research and Practice, 2008, 10 (3): 309 – 322.

［125］Chor D, Manova K B, Watt S. MNC Activity and Host Country Financial Development ［J］. SSRN Electronic Journal, 2013.

［126］Cihák M, Demirgüçkunt A, Feyen E, et al. Benchmarking Financial Systems Around the World ［R］. Policy Research Working Paper, No. 6175, 2012.

［127］Cleary S, Povel P, Raith M. The U-Shaped Investment Curve: Theory and Evidence ［J］. Journal of Financial and Quantitative Analysis, 2007, 42 (1): 1 – 39.

［128］Clementi G L, Hopenhayn H A. A Theory of Financing Constraints and Firm Dynamics ［J］. Quarterly Journal of Economics, 2006, 121 (1): 229 – 265.

［129］Daude C, Stein E. The Quality of Institutions and Foreign Direct Investment ［J］. Economics and Politics, 2007, 19 (3): 317 – 344.

［130］Desai M A, Foley C F, Hines J R. A Multinational Perspective on Capital Structure Choice and Internal Capital Markets ［J］. Journal of Finance,

2004, 59 (6): 323 – 374.

[131] Desai M A, Foley F C, Hines J R J. Capital Controls, Liberalizations, and Foreign Direct Investement [J]. The Review of Financial Studies, 2006, 19 (4): 1433 – 1464.

[132] Desai M A, Foley C F, Forbes K J. Financial Constraints and Growth: Multinational and Local Firm Responses to Currency Depreciations [J]. Review of Financial Studies, 2008, 21 (6): 2857 – 2888.

[133] Desbordes R, Wei S J. The Effects of Financial Development on Foreign Direct Investment [J]. Journal of Development Economics, 2017, 127: 153 – 168.

[134] Di Giovanni J. What Drives Capital Flows? The Case of Cross-Border Mand A Activity and Financial Deepening [J]. Journal of International Economics, 2005, 65 (1): 127 – 149.

[135] Edwards S. A Capital Idea? Reconsidering a Financial Quick Fix. Foreign Affairs, 1999, 78 (3): 18 – 22.

[136] Eichengreen B. Capital Account Liberalization [J]. World Bank Economic Review, 2001, 15 (3): 341 – 365 (25).

[137] Eicher T S, Helfman L, Lenkoski A. Robust FDI Determinants: Bayesian Model Averaging in the Presence of Selection Bias [J]. Journal of Macroeconomics, 2012, 34 (3): 637 – 651.

[138] Fazzari S M, Hubbard R G, Petersen B C, et al. Financing Constraints and Corporate Investment [J]. Brookings Papers on Economic Activity, 1988 (1): 141 – 206.

[139] Feinberg S, Phillips G. Growth, Capital Market Development and Competition for Resources within MNCs [R]. NBER Working Paper, No. 9252, 2004.

[140] Felbermayr G J, Kohler W. Exploring the Intensive and Extensive Margins of World Trade [J]. Review of World Economics, 2006, 142 (4): 642 – 674.

[141] Fischer S. Capital-Account Liberalization and the Role of the IMF, Should the IMF Pursue Capital-Account Convertibility? [C]. Princeton Essays in

International Finance, 1997, 207 (47): 1983 – 1985, 1987 – 1988.

[142] Forbes K J. One Cost of the Chilean Capital Controls: Increased Financial Constraints for Smaller Traded Firms [J]. Journal of Financial Economics, 2007, 71 (2): 294 – 323.

[143] Froot K A, Stein J C. Exchange Rates and Foreign Direct Investment: An Imperfect Capital Markets Approach [J]. Quarterly Journal of Economics, 1991, 106 (4): 1191 – 1217.

[144] Gallagher K P. Regaining Control? Capital Controls and the Global Financial Crisis [R]. PERI Working Papers, No. 250, 2012.

[145] Garetto S, Fillat J L. Risk, Returns, and Multinational Production [C]. Social Science Electronic Publishing, 2015: 1787 – 1823.

[146] Gertler M, Rogoff K. North-South Lending and Endogenous Domestic Capital Market Inefficiencies [J]. Journal of Monetary Economics, 1990, 26 (2): 245 – 266.

[147] Giannetti M, Liao G, Yu X Y. The Brain Gain of Corporate Boards: Evidence from China [J]. The Journal of Finance, 2015, 70 (4): 1629 – 1682.

[148] Goldsmith R W. Financial Structure and Development [M]. New Haven: Yale University Press, 1969.

[149] Grossman G, Helpman E, Szeidl A. Optimal Integration Strategies for the Multinational Firms [J]. Journal of International Economics, 2006, 70 (1): 216 – 238.

[150] Greenaway D, Guariglia A, Kneller R. Financial Factors and Exporting Decisions [J]. Journal of Financial Economics, 2007, 73: 377 – 395.

[151] Greenaway D, Kneller R. Firm Heterogeneity, Exporting and Foreign Direct Investment [J]. Economic Journal, 2007, 117 (517): F134 – F161.

[152] Habib M, Zurawicki L. Corruption and Foreign Direct Investment [J]. Journal of International Business Studies, 2002, 33 (2): 291 – 307.

[153] Head K, Mayer T. Market Potential and the Location of Japanese Investment in the European Union [J]. Review of Economics and Statistics,

2004, 86 (4): 959 – 972.

[154] Head K, Ries J. Heterogeneity and the FDI versus Export Decision of Japanese Manufacturers [J]. Journal of the Japanese and International Economies, 2003, 17 (4): 448 – 467.

[155] Henry P B. Capital Account Liberalization: Theory, Evidence, and Speculation [J]. Journal of Economic Literature, 2007, 45 (4): 887 – 935.

[156] Helpman E. A Simple Theory of International Trade with Multinational Corporations [J]. Journal of Political Economy, 1984, 92 (3): 451 – 471.

[157] Helpman E, Melitz M J, Yeaple S R. Exports Versus FDI with Heterogeneous Firms [J]. American Economic Review, 2004, 94 (1): 300 – 316.

[158] Jacquillat B, Solnik B. Las Multinacionales Son Herramientas Deficientes Para La Diversificación [J]. Análisis Financiero, 1992: 17 – 23.

[159] Jayaratne J, Strahan P E. The Finance-Growth Nexus: Evidence from Bank Branch Deregulation [J]. Quarterly Journal of Economics, 1996, 111 (3): 639 – 670.

[160] Jayaratne J, Strahan P E. Entry Restrictions, Industry Evolution, and Dynamic Efficiency: Evidence from Commercial Banking [J]. Journal of Law and Economics, 1997, 41 (1): 239 – 274.

[161] Johnson S, Mitton T. Cronyism and Capital Control: Evidence from Malaysia [J]. Journal of Financial Economics, 2001, 67 (2): 351 – 382.

[162] Kandilov I T, Leblebicioğlu A, Petkova N. Cross-Border Mergers and Acquisitions: The Importance of Local Credit and Source Country Finance [J]. Journal of International Money and Finance, 2017, 70: 288 – 318.

[163] Keefer R, Knack S. Why Don't Poor Countries Catch Up? A Cross-National Test of an Institutional Explanation [J]. Economic Inquiry, 1997, 35 (3): 590 – 602.

[164] Khwaja A I, Mian A. Tracing the Impact of Bank Liquidity Shocks: Evidence from an Emerging Market [J]. American Economic Review, 2008, 98 (4): 1413 – 1442.

[165] King R G, Levine R. Finance and Growth: Schumpeter Might Be Right [J]. The Quarterly Journal of Economics, 1993, 108 (3): 717 – 737.

[166] Klein M W, Peek J, Rosengren E S. Troubled Banks, Impaired Foreign Direct Investment: The Role of Relative Access to Credit [J]. American Economic Review, 2002, 92 (3): 664 – 682.

[167] Kolstad I, Wiig A. What Determines Chinese Outward FDI? [J]. Cmi Working Papers, 2012, 47 (1): 26 – 34.

[168] Laurens B, Cardoso J. Managing Capital Flows: Lessons from the Experience of Chile [R]. IMF Working Paper, No. WP/98/168, 2013.

[169] Levinsohn J, Petrin A. Estimating Production Functions Using Inputs to Control for Unobservables [R]. NBER Working Papers, No. 7819, 2000.

[170] Love I. Financial Development and Financing Constraints: International Evidence from the Structural Investment Model [J]. Review of Financial Studies, 2003, 16 (3): 765 – 791.

[171] Love I, Zicchino L. Financial Development and Dynamic Investment Behavior: Evidence from Panel VAR [J]. Quarterly Review of Economics and Finance, 2007, 46 (2): 190 – 210.

[172] Lucas R E. Why Does't Capital Flow from Rich to Poor Countries? [J]. American Economic Review, 1990, 80 (2): 92 – 96.

[173] Melitz M. The Impact of Trade on Intra-Industry Reallocations and Aggregate Industry Productivity [J]. Econometrica, 2003, 71 (6): 1695 – 1725.

[174] Midrigan V, Xu D Y. Finance and Misallocation: Evidence from Plant Level Data [R]. Working Paper, 2014.

[175] Manova K. Credit Constraints, Heterogeneous Firms, and International Trade [J]. Review of Economic Studies, 2013, 80 (2): 711 – 744.

[176] Manova K, Shang J W, Zhang Z W. Firm Exports and Multinational Activity under Credit Constraints [R]. NBER Working Paper, No. 16905, 2014.

[177] Martin P, Rey H. Financial Integration and Asset Returns [J]. European Economic Review, 2000, 44 (7): 1327 – 1350.

[178] Matsuyama K. Imperfect Credit Markets, Household Wealth Distribution, and Development [J]. Annual Review of Economics, 2012, 3 (1): 339 – 362.

[179] Morck R, Bernard Y, Zhao M Y. Perspectives on China's Outward Foreign

Direct Investment [J]. Journal of International Business Studies, 2008, 39 (3): 337 – 350.

[180] Muûls M. Exporters and Credit Constraints: A Firm-Level Approach [R]. Brussels: National Bank of Belgium, 2008.

[181] Nocke V, Yeaple S. Cross-Border Mergers and Acquisitions vs. Greenfield Foreign Direct Investment: The Role of Firm Heterogeneity [J]. Journal of International Economics, 2007, 72 (2): 336 – 365.

[182] Papaioannou E. What Drives International Financial Flows? Politics, Institutions and other Determinants [J]. Journal of Development Economics, 2009, 88 (2): 269 – 281.

[183] Paravisini D. Local Bank Financial Constraints and Firm Access to External Finance [J]. Journal of Finance, 2008, 63 (5): 2161 – 2193.

[184] Pasricha G. Policy Rules for Capital Controls [R]. Mimeo. Bank of International Settlements/Banks of Cananda, 2017.

[185] Petrin A, Train K. Tests for Omitted Attributes in Differentiated Product Models [R]. University of Chicago GSB Working Paper, 2005.

[186] Portes R, Rey H. The Determinants of Cross-Border Equity Transaction Flows [J]. Journal of International Economics, 2005, 69: 5 – 50.

[187] Rajan R G, Zingales L. Financial Dependence and Growth [J]. American Economic Review, 1998, 88 (3): 559 – 586.

[188] Rajan R G, Zingales L. The Great Reversals: The Politics of Financial Development in the Twentieth Century [J]. Journal of Financial Economics, 2003, 69 (1): 5 – 50.

[189] Ramasamy B, Yeung M, Laforet S. China's Outward Foreign Direct Investment: Location Choice and Firm Ownership [J]. Journal of World Business, 2012, 47 (1): 17 – 25.

[190] Reinhart C, Rogoff K. Serial Default and the "Paradox" of Rich-to-Poor Capital Flows [J]. American Economic Review, 2004, 94 (2): 53 – 58.

[191] Rodrik D. Exchange Rate Regimes and Institutional Agreements in the Shadow of Capital Flows [M]. Manuscript, Harvard University, September. 2000.

[192] Rodrik D. Who Needs Capital Account Convertibility? Princeton Essays in International Finance 207 [C]. Dissertations and Theses-Gradworks, 2010, 92 (1): 348 – 375.

[193] Rose A K, Spiegel M M. A Gravity Model of Sovereign Lending: Trade, Default and Credit [C]. Federal Reserve Bank of San Francisco. Federal Reserve Bank of San Francisco, 2002.

[194] Rowland P F, Tesar L L. Multinationals and the Gains from International Diversification [J]. Review of Economic Dynamics, 2004, 7 (4): 789 – 826.

[195] Solow R M. Technical Change and the Aggregate Production Function [J]. Review of Economics and Statistics, 1957, 39 (3): 554 – 562.

[196] Stulz R. Does Financial Structure Matter for Economic Growth? A Corporate Finance Perspective [M]//In Financial Structure and Economic Growth: A Cross-Country Comparison of Banks, Markets, and Development, eds. Demirguc-Kunt Asli and Ross Levine: 2001, 143 – 188.

[197] Verani S, Rupert P, Kydland F, et al. Aggregate Consequences of Firm – Level Financing Constraints [M]. University of California, 2009.

[198] Wei S J, Shleifer A. Local Corruption and Global Capital Flows [J]. Brookings Papers on Economic Activity, 2000 (2): 303 – 354.

[199] Wurgler J. Financial Markets and the Allocation of Capital [J]. Journal of Financial Economics, 2000, 58 (1): 187 – 214.

[200] Wynne J. Wealth as a Determinant of Comparative Advantage [J]. American Economic Review, 2005, 95 (1): 226 – 254.

[201] Yeaple S R. A Simple Model of Firm Heterogeneity, International Trade, and Wages [J]. Journal of International Economics, 2005, 65 (1): 1 – 20.

[202] Zervos S. Capital Control Liberalization and Stock Market Development [J]. World Development, 1996, 26 (7): 1169 – 1183.